MW01076186

EL DÍA

DE LA

RESTAURACIÓN

EL DÍA

DE LA

RESTAURACIÓN

CÉSAR VIDAL

B&H
PUBLISHING®
BRENTWOOD, TENNESSEE

Este libro está dedicado a Susana País,
cuyo movimiento hispano es un ejemplo
de lo que cristianos laicos pueden hacer en bien
de la sociedad en la que viven.

I

—Espere, por favor —le dijo con gesto educado—. Mr. Yen estará enseguida con usted.

El joven asintió cortésmente con un movimiento de cabeza. El sirviente, que acababa de dirigirse a él, respondió con una historiada reverencia, se dirigió hacia la sólida y pulida puerta de la estancia y, tras abrirla, abandonó la habitación. Por un momento, el joven se miró las manos que había descansado sobre las rodillas. Luego dirigió la mirada hacia izquierda y derecha. El despacho en el que se encontraba era modesto y de reducidas dimensiones, pero, sin duda, funcional. Frente a él aparecía, pesado y como si durmiera, un escritorio de una madera oscura que se le antojó que podía ser nogal. Un tintero doble que quizá podía ser de plata, un recado de escribir sencillo, carpetas situadas a los lados y algunos libros de consulta cubrían parte de la superficie, pero dejando espacio suficiente para poder escribir con holgura, tomar notas o consultar materiales. A un lateral, descansaba una mesita más pequeña con una máquina de escribir. No era eléctrica y recordaba mucho a modelos antiguos que había visto en fotografías. No se hubiera atrevido a calcular su edad. Enfrente había dos sillas de respaldo bajo, en una de las cuales se hallaba sentado ahora.

Apartó la vista de aquel mueble, destinado de manera innegable al trabajo, y contempló que detrás había dos butacones de piel colocados a ambos lados de una mesa baja. No eran lujosos, pero sí parecían confeccionados con piel auténtica y daban la impresión de resultar cómodos. No pudo evitar una sonrisa pensando que la persona a la que esperaba hubiera podido emplearlos alguna vez para echar una cabezada en medio de la jornada laboral.

A un costado de la estancia se levantaba una librería rebosante de volúmenes que de manera prácticamente total cubría el muro. Seis estantes. Calculó por encima el número de libros que podían albergar y se dijo que estaría por encima de los quinientos. No estaba nada mal. Con seguridad eran más que las bibliotecas de muchas escuelas, por no decir de domicilios familiares. Al extremo, se hallaba un ventanal no muy grande, pero suficiente para arrojar una luz cálida, aunque no abrasadora, sobre el interior de la habitación. Se trataba de una luminosidad suficiente para poder leer y escribir con comodidad, pero no para cegar o deslumbrar. Sí, la habitación parecía configurada como un sitio agradable, aunque quizá habría sido más ajustado a la realidad definirla como un espacio destinado a necesidades muy concretas de trabajo, pero también de esparcimiento.

Siguió paseando la vista por los detalles menores de la estancia hasta que un chasquido metálico lo impulsó a mirar hacia la puerta. En el umbral había hecho acto de presencia una figura pequeña, ligeramente encorvada, con el rostro arrugado, pero con una mirada aguda en la que los ojos pequeños y oblicuos se asemejaban a brillantes ascuas.

—Disculpe la espera —dijo con una sonrisa—. Como ya sabe, salgo de viaje hoy mismo y ando ultimando detalles.

El joven se puso en pie de un salto y dio unos pasos hacia el recién llegado para estrechar la mano que le tendía.

—Mister Yen —dijo con un tono de voz pespunteado por la emoción— deseo que sepa que le agradezco muchísimo que me reciba. Hace mucho tiempo que lo sigo y créame si le digo que para mí es un honor y un privilegio...

—Creo que aquí estaremos más cómodos —lo interrumpió Yen, a la vez que señalaba a los dos sillones—. Le ruego que tome asiento.

El joven se acomodó en el butacón, depositó el maletín que llevaba consigo sobre la mesita baja y, con un tono sumamente respetuoso, preguntó:

—¿Le importa si grabo nuestra conversación?

—¿Eso es un magnetofón? —indagó Yen con una sonrisa.

—Sí, efectivamente —respondió animado—. Resulta muy útil. Bueno, usted sabe... una frase que se escapa aquí, una mención que no llegas a escribir... con este aparato queda todo recogido.

Yen sonrió y alargó la mano para pasarla por la superficie del aparato que ya estaba desplegado sobre la mesita. Fue un toque suave, casi, casi como si hubiera deseado acariciar la máquina para serenarla, igual que habría hecho con un perro desconocido.

—No parece tan grande como para guardar tanto —señaló con tono irónico—, pero, al ver el rostro sorprendido del muchacho, añadió:

—Estoy bromeando, por supuesto.

—Sí, claro —reconoció el joven—. Disculpe, pero creo que no me he presentado. Me llamo Thomas Devlin.

—¿Irlandés? —preguntó con curiosidad el hombre.

—No, yo no. Mi bisabuelo.

—Emigró a Estados Unidos, supongo.

—Sí —sonrió el joven.

—Por la necesidad, imagino.

—Pues... sí —respondió bajando los ojos, casi como si le avergonzara aquella eventualidad situada en algún punto de su árbol genealógico.

—No se sienta mal, Mr. Devlin —dijo Yen con un tono suave de voz—. A lo largo de mi vida, he visto a muchos campesinos que emprendían la huida por hambre. No puedo decir que buscaran solo una vida mejor. En realidad, solo buscaban vivir. Intentaban no morir en medio de una hambruna. De manera que, Mr. Devlin, siento mucho respeto por aquellos que intentan no morirse de hambre y para ello se lanzan a lo desconocido.

A continuación, como si buscara reforzar sus palabras, sonrió con ternura mientras las ascuas que tenía por ojos adquirían un brillo jovial.

—¿Por dónde quiere que empecemos? —preguntó Devlin.

—¿Le parece bien por el principio? —respondió Yen sonriendo nuevamente.

II

—Usted nació... —comenzó Devlin—. En 1892...

—No —rechazó Yen con un suave movimiento de mano—. En 1893. No es que tenga mucha importancia cuando ya se han rebasado los noventa años, pero... ya sabe, por la exactitud...

—Sí, claro, la exactitud —dijo Devlin un poco nervioso por el efecto que podría haber causado en su interlocutor aquella equivocación nada más iniciada la entrevista—. En Szechwan...

—Exacto. En Szechwan, condado de Pachung, China.

—Hábleme de su familia si no tiene inconveniente —dijo Devlin con un tono que pretendía ser lo más amable posible—. ¿Se trataba de gente acomodada? ¿Eran campesinos?

Yen sonrió como si la última pregunta de Devlin le resultara cómica.

—Quizá —comenzó a decir Yen— conozca usted la historia de esos dos amigos que se encuentran en la calle y uno de ellos le pregunta al otro: «¿Cómo está tu esposa?», y el otro responde: «¿Comparada con quién?».

Yen guardó silencio a la espera de que el joven se riera, pero más que divertido por lo que acababa de escuchar, pareció desconcertado. No, no daba la sensación de haber captado el doble sentido irónico de la anécdota. No pudo evitar que una sonrisa de indulgencia le asomara al rostro.

—Verá, Mr. Devlin —comenzó a explicarle— quiero decirle que todo depende de con qué se compare. Si compara usted la forma de vida de mis padres con la manera en que vive un ciudadano medio de su país, entonces eran extremadamente pobres, pero si los compara con el estilo de vida de los chinos del campo... ah, entonces la cosa cambia. Podríamos afirmar sin temor a equivocarnos que tenían una vida relativamente próspera. Por ejemplo, mi padre sabía leer y escribir y se ocupó de que pasara lo mismo conmigo. Cuando cumplí los diez años, quizá menos, ya me sabía de memoria los *Cuatro libros y los Cinco clásicos*. Para usted, comprendo que esto no tenga mucha relevancia, pero la verdad es que, en China y en esa época, sí que la tenía y, ciertamente, mucha.

—¿Sus padres eran cristianos?

—Desgraciadamente no.

—Pero usted siempre se ha referido a su condición de cristiano...

—Cierto, pero no se nace cristiano ni tampoco es algo que venga con la sangre que transmiten los padres. Que usted nazca en un gallinero no lo convierte en gallina, como, seguramente, sabe...

—Eh... sí... claro —musitó Devlin, de nuevo desconcertado— pero entonces...

—Verá. Hay que retroceder un poco en el tiempo para entenderlo todo. En las últimas décadas, me ha sido dado el poder contemplar cómo hay muchos cristianos que han perdido el interés en la educación. Existen predicadores que se dedican a anunciar, de manera imprudente y siempre equivocada, fechas de la segunda venida de nuestro Señor, y disparates parecidos, con el único resultado de que los que los escuchan. En lugar de ser sal y luz en este mundo en el que nos ha tocado vivir, se han ido retirando de todos los lugares que debían salar e iluminar para recluirse en auténticos *ghettos* mentales. Eso ha incluido la educación.

Yen hizo una pausa, se llevó la diestra al mentón y se lo acarició suavemente.

—Yo viví en una época, ahora muy lejana, cuando era todavía un niño, en que no fue así. Por aquel entonces los cristianos manifestaban un enorme, un inmenso interés en dar testimonio en todas partes y también en ayudar al desarrollo de las naciones. Como no le costará entender, partiendo de esa base, la educación tenía un papel muy relevante. Verá, en aquellos años, la gente no enviaba a sus hijos a las escuelas cristianas solo porque fuera cristiana. Lo hacía porque los cristianos brindaban una posibilidad de educación y esa educación era buena. Podría incluso decir que muy buena. Así fue como mi padre me envió a *hsi hsueh t´ang*.

—La escuela de aprendizaje occidental —tradujo Devlin.

—Sí —dijo con una amplia sonrisa Yen—. Así es. ¿Sabe usted chino?

—Solo algunas palabras —respondió Devlin.

La escuela de aprendizaje occidental estaba en la ciudad de Paoning donde la habían fundado unos misioneros. Paoning se encontraba a unas cien millas de casa, pero, al cumplir yo cinco años, mi padre consideró que valía la pena que me trasladara allí.

—¿Y cómo llegó?

—Caminando —respondió Yen con naturalidad.

—Ca... caminando... —balbuceó Devlin—. Eso sería...

—Cinco días de camino —dijo Yen.

—Cinco días... ¿para un niño de diez años? —preguntó incrédulo el joven.

—Sí, cinco días —respondió Yen— pero no fui solo, claro está. Me acompañó mi hermano. Mi padre nunca me hubiera dejado viajar solo esa distancia. La ruta discurría por en medio de las montañas y de arrozales. Tenías que andar con mucho cuidado, no distraerte porque un simple resbalón y acababas en un hoyo lleno de barro y créame si le digo que no era fácil lavarse por aquellos alrededores. Por cierto, me temo que estoy siendo un poco descortés. ¿Le agradaría que tomáramos un té?

Yen no esperó a que su joven acompañante respondiera, se levantó del butacón con gesto ágil, cubrió la distancia que lo separaba del dormitorio y echó mano de una campanilla que hizo sonar dos veces. Luego volvió a sentarse en el butacón a la vez que depositaba la campanilla sobre la superficie de la mesita baja.

III

El sirviente depositó sobre la mesita un juego chino de té y, tras realizar la consabida y respetuosa reverencia, se retiró. Devlin no terminaba de acostumbrarse a las dimensiones reducidas de los servicios de té chino. Aquellas teteras de tamaño normal acompañadas con tazas diminutas le parecían chocantes. No lograba entender la gracia de que, en lugar de llenar un recipiente regular con el té, de una vez por todas, estuvieran continuamente vertiendo el agua en aquellos pocillos.

Yen se inclinó sin dejar de estar sentado en el butacón y comenzó a preparar el té. Asió la tetera rebosante de un agua hervida que desprendía un vaho caliente. A continuación, vertió el líquido humeante en las tazas, pero, en lugar de conservarlo, lo arrojó contra la base de madera del juego. Solo entonces, tras liberarse de ese primer recipiente de desecho, llenó dos tacitas pequeñas y le ofreció una a Devlin.

—Es un té verde delicioso —dijo Yen—. Como usted seguramente sabrá, en Occidente están más familiarizados con el té negro o el rojo. Ambos son buenos, pero, en China, consideramos que la aristocracia del té es de color verde aunque no desdeñemos tampoco el blanco. Existen múltiples modalidades de té verde. Desde el destinado al consumo de la gente más humilde hasta aquel que solo se sirve en las mesas de emperadores, presidentes y grandes dignatarios. Oh, discúlpeme, no deseo aburrirle hablando de té. Los viejos, tarde o temprano, acabamos siempre por perder el hilo de nuestra conversación.

Sin dejar un solo instante de escucharlo con atención, Devlin se acercó la diminuta taza de porcelana a los labios y tomó un sorbo. La bebida le pareció áspera, fuerte, a decir verdad, incluso desagradable, pero no le consideró oportuno decir lo que sentía.

—Peculiar —dijo al fin—. Ciertamente, peculiar.

Yen sonrió divertido. Había captado a la perfección lo que había sentido Devlin y le agradaba la manera en que la cortesía le obligaba a ocultarlo.

—Ahora —reanudó la conversación Yen—, resulta muy común encontrarse con misioneros que no tienen la menor intención de adaptarse al país donde van. Más bien da la sensación de que intentan seguir viviendo con todas las comodidades de su país natal y de que, en el extranjero, todos se adapten a ellos. ¡Ah, gran error! ¡Inmensa y lamentable equivocación! En aquella época lejana de mis años de infancia, era distinto.

Volvió a beber un sorbo de la taza y, por un instante, guardó silencio mientras lo paladeaba con evidente delectación.

—La escuela a la que me envió mi padre la dirigía un misionero que se llamaba William B. Aldis. Sí, exactamente. William B. Aldis. Quizá le costará comprenderlo, pero recuerdo con enorme nitidez cosas que sucedieron hace sesenta, setenta, hasta ochenta años y, sin embargo, se me puede pasar totalmente lo que tengo que hacer en el día de hoy. Lo de ahora lo tengo que llevar apuntado para que no se me pase. Es uno de los tributos que hay que pagar cuando se llega a la vejez y créame, merece la pena, porque si no llegas a viejo es porque te has muerto antes. Pero, volviendo a la escuela... Aldis era un tipo notable. No exagero nada si le digo que incluso se le hubiera podido calificar de extraordinario. Seguramente, usted conoce el pasaje del apóstol Pablo en el que dice que se hacía judío a los judíos y gentil, a los gentiles. Se hacía todo a todos para poder ganar a algunos para Cristo.

Devlin asintió. Sí, aunque fuera vagamente, el pasaje le sonaba.

—Pues así era Aldis. Se había afeitado la frente para llevar el pelo como los chinos y usaba también una coleta. Sí, todo como los chinos. Bueno, también nos enseñó a jugar al cricket, pero, en todo, intentaba llevar la vida de un chino para poder así alcanzar a los más que pudiera con el mensaje del evangelio.

Yen volvió a hacer una pausa mientras apuraba la taza y se servía rápidamente otra. Devlin se dijo que no podía caber la menor duda de que estaba disfrutando aquel brebaje.

—Fue gracias a Aldis —reanudó Yen su relato— que llegué a conocer a Jesús.

—¿Les predicaba mucho? —indagó Devlin.

—No, qué va, todo lo contrario —respondió Yen—. Claro, sí se refería a Jesús con frecuencia y nos relataba porciones de los Evangelios, pero... pero... ¿cómo le diría? Por encima de todo, era un hombre que vivía como Jesús. Sí, hacía lo posible por llevar una vida según las enseñanzas de Jesús y eso fue realmente lo que me mostró que el cristianismo era la verdad y, desde entonces, sin un solo día de interrupción he sido cristiano de todo corazón.

Devlin guardó silencio por un instante. Se le notaba perplejo. Como si no terminara de asimilar lo que acababa de escuchar.

—Crea que no es fácil explicar la conversión de cada uno —comenzó a decir Yen—. ¿Otra taza de té?

—No lo he terminado todavía —se apresuró a responder Devlin.

—Si no le importa yo sí me serviré...

—Por supuesto, Mr. Yen, se lo ruego.

Yen se sirvió otra taza, se la acercó a la nariz, olfateó el té y luego bebió un sorbo. Cerró los ojos mientras una sonrisa amplia se dibujaba en su rostro de anciano. Sí, saltaba a la vista que le gustaba aquella pócima amarga y desabrida. Volvió a paladear un nuevo sorbo de té y prosiguió:

—Es muy bueno. Sí, muy bueno.

—Verá, hay gente muy acostumbrada a la palabrería. «Jesús, esto... Jesús, lo otro», pero luego no hay nada de Jesús ni en lo que enseñan ni en lo que viven. Pero Aldis era muy diferente. De repente, un niño como yo, porque no era más que un niño, comprendió con toda facilidad que era pecador. Sí, sé de sobra que no tenía grandes pecados, como usted podrá suponer, pero sí entendí que sí era pecador. ¿Cómo no entenderlo cuando veías a Aldis y después a Jesús? Y también comprendí que no podía hacer nada para merecer el perdón o ganármelo. No, escuchando el capítulo 15 de Lucas, ese hermosísimo capítulo donde se recogen algunas parábolas de Jesús, me percaté de que yo también, incluso siendo un niño, estaba tan perdido como la oveja descarriada o la moneda extraviada o el hijo pródigo. Durante siglos, mis antepasados se habían esforzado por llevar una vida moral, por aprender las lecciones de los sabios, por vivir de la manera más adecuada, pero, se mirara como se mirara, habían fracasado en no pocas cosas por la sencilla razón de que no contaron con la luz del evangelio. Yo estaba en la misma situación, pero, a diferencia de ellos y a pesar de ser un niño, me había dado cuenta. Pero no tenía por qué caer en un sentimiento de desamparo. Aunque yo estaba perdido en un país tan alejado del cristianismo como era mi China... bueno, Dios había venido a buscarme. No solo había llegado hasta mí, sino que incluso se había hecho hombre y había muerto en la cruz por mí aunque yo no lo merecía.

—Es decir, se convirtió usted en cristiano porque... porque le mostró un camino de salvación —señaló Devlin.

—El mensaje de salvación fue esencial porque las enseñanzas del cristianismo muestran cómo salir de la situación de perdición en que se encuentra todo el género humano. Sin embargo, eso es solo una parte. Sí, mi conciencia de ser un pecador perdido, que necesitaba ser perdonado y reconciliado con Dios, me llevó a acudir a Jesús. De eso no hay la menor duda, pero también tengo que decirle que hubo más que eso. Mucho más. Poco a poco y de la manera no solo más natural sino también más firme, fui comprendiendo que seguir a Jesús era la única manera de vivir una vida digna de ser vivida.

—No estoy seguro de entenderlo totalmente, Mr. Yen —dijo Devlin.

—Intentaré explicarme mejor —respondió Yen—. Me sentí muy agradecido cuando pedí a Jesús que entrara en mi corazón y que perdonara mis pecados porque había depositado mi fe en Su sacrificio expiatorio en la cruz del Calvario, pero creo que mi gratitud y mi alegría, sí, mi alegría, fueron todavía mayores al entender que para mí se abría una vida nueva. Yo no despreciaba lo que había vivido hasta entonces. De verdad que no y, sí, podía apreciar lo que había aprendido de los libros que hablaban de Confucio, pero el tesoro que había ahora en mis manos era mucho mayor. Mi vida iba a ser una vida plena y lo iba a ser no porque aspirara a tener una posición o a ganar dinero o a ser popular sino porque tendría un sentido marcado directamente por Jesús. No sé si me entiende...

—Creo que sí —dijo Devlin no del todo convencido.

—Verá, Mr. Devlin, en aquella época, yo pensé que lo mejor que podía hacer con mi vida era ser misionero. Sí, eso era lo que pensaba. ¿Qué podía ser mejor que dedicarse las veinticuatro horas del día a predicar el evangelio?

—¿Por qué no lo hizo? —indagó Devlin.

—Aldis me convenció para que no lo hiciera.

—¿Aldis? ¿El misionero no quería que usted fuera misionero? ¿Estaba decepcionado de su trabajo?

—No —respondió Yen mientras una sonrisa divertida se dibujaba en su rostro—. En absoluto, pero era una persona inteligente y muy práctica. Una tarde, me tomó aparte y me llevó de paseo por el campo. Lo hacíamos con frecuencia y solía aprovechar para enhebrar aquellas salidas con pasajes de los Evangelios donde Jesús usa figuras agrarias para Sus parábolas u otras enseñanzas. Pero esa vez, esa vez, Aldis no mencionó el Nuevo Testamento. No, no lo hizo. Simplemente, me fue señalando cómo vivían los campesinos. Por supuesto, yo sabía de sobra el tipo de existencia que llevaban, pero, bueno, seguramente, usted habrá tenido alguna vez la experiencia de escuchar a alguien que, de repente, arroja una luz poderosa y nueva sobre algo que creíamos conocer. ¿Le ha pasado alguna vez, Mr. Devlin?

—Bueno, la verdad es que no lo sé...

Yen sonrió con benevolencia.

—Da igual, Mr. Devlin, no se apure. El caso es que aquel día, Aldis fue deteniéndose a cada paso y apuntando, como de pasada, a lo que acontecía en aquella población perdida en medio del campo chino. Sin decir una palabra más alta que la otra me dejó ver cómo los funcionarios eran corruptos, cómo la gente se entregaba al alcohol o a las drogas, cómo se engañaban los unos a los otros, cómo llevaban una vida realmente miserable aunque pudieran pensar lo contrario. Y así... así pude ver que sería mucho más útil a mi país procurando que fueran personas educadas y formadas que de cualquier otra manera. Sí, claro que tenía que comunicarles el amor de Jesús, pero no recitando una y otra vez fórmulas teológicas más o menos exactas, sino viviendo entre ellos y mostrándoles cómo el mensaje y el ejemplo de Jesús eran la clave para cambiar sus existencias y también la de la nación. Cuando regresamos a la escuela aquella tarde yo ya tenía decidido que no sería misionero, pero que haría todo lo posible por ayudar a aquellas personas a cambiar.

IV

—¿Qué pasó después? —indagó Devlin.

Yen sonrió mientras se servía una nueva taza de té. Esta vez, no ofreció a Devlin. Seguramente, se dijo el joven, ya había captado que el té no era de su agrado.

—¿Preferiría un café, Mr. Devlin? —preguntó Yen como si hubiera adivinado los pensamientos del muchacho—. Hay gente que lo prefiere al té...

—Estoy bien. Gracias, Mr. Yen. Eh... hablábamos de esa tarde con Mr. Aldis...

—Sí, claro, bueno, la historia sigue de una manera muy sencilla. Me quedé cuatro años en Paoning y entonces Mr. Aldis me recomendó para entrar en una escuela de enseñanza media que mantenían unos misioneros en Chengtu. Es posible que el nombre no le diga mucho, pero Chengtu era la capital cultural de Szechwan. Para llegar, tuve que recorrer más de doscientas millas, pero esta vez ya pude utilizar una bicicleta.

—Perdón, Mr. Yen, ¿me está diciendo que hizo más de doscientas millas en bicicleta?

Yen sonrió antes de responder. Era obvio que le divertía el desconcierto del joven.

—Sí, más de doscientas millas en bicicleta y no era un camino fácil, pero el sacrificio tuvo su recompensa. No solo es que me acostumbré a la disciplina y al esfuerzo físico sino que además aquel trayecto me permitió conocer más a fondo el campo de China. Pero... bueno, aquel nuevo lugar no terminó de gustarme. No eran como Aldis, ¿sabe?

—¿A qué se refiere? —indagó Devlin.

—Bueno, estaban muy convencidos de la superioridad que disfrutaban sobre los chinos. No es que no quisieran ayudarnos, pero no podían evitar mirarnos por encima del hombro. No tuve mucho problema con que comenzaran a llamarme James o Jim o Jimmy. Eso era lo de menos, pero, en un momento dado, me indicaron que podría tener un futuro extraordinario si estaba dispuesto a renunciar a mi ciudadanía china y me convertía en británico.

—¿Y usted qué les respondió? —preguntó Devlin súbitamente interesado.

—Verá, Gran Bretaña nunca se portó bien con China. Todo lo contrario. En el siglo XIX, los barcos de guerra ingleses llegaron hasta China con la intención de llevarse nuestros bronces, nuestra porcelana, nuestra seda, nuestro té... en fin, todo lo que de valor teníamos. Pero la verdad es que los ingleses no tenían nada que ofrecer que pudiera interesar a China. Así se lo hicieron saber nuestros gobernantes, pero no sirvió de nada. Los ingleses sabían lo que deseaban y no estaban dispuestos a renunciar a ello así que, para conseguirlo, introdujeron la droga en China.

Yen calló. Resultaba obvio que la deriva que había tomado la conversación, de manera inesperada, le resultaba dolorosa.

—Creo —dijo reanudando el relato al cabo de unos instantes— que esa conducta constituye una de las acciones más crueles que he conocido. Los ingleses introdujeron el opio en China para poderse llevar todo, absolutamente todo, lo que codiciaban. Naturalmente, China intentó impedir que la droga entrara en su territorio, pero resultó imposible. Tras dos guerras, los ingleses no solo introdujeron en China todo el opio que quisieron, sino que además se quedaron con trozos de nuestro territorio como Hong Kong y otros lugares estratégicos. Mientras tanto, empezaron a extenderse por todos los lugares fumaderos donde la gente iba a degradarse consumiendo opio en pipas, una manera rápida de autodestrucción que labró la desgracia y la miseria de millones de chinos.

—Siguen en Hong Kong —pensó en voz alta Devlin.

Una sonrisa melancólica afloró a los labios de Yen.

—Sí, siguen en Hong Kong, pero, tarde o temprano, acabarán marchándose. Créame, Mr. Devlin, he visto lo bastante para saber que, al fin y a la postre, todos los que ocupan un territorio de otros tienen que irse. Los ingleses son un buen ejemplo y usted debería ser consciente de ello siendo americano y además de ascendencia irlandesa.

Yen hizo una pausa y se sirvió otra taza de té.

—¿Está seguro de que no quiere un café? —preguntó a Devlin, pero el joven negó con la cabeza.

—Verá, Mr. Devlin, no se puede lanzar sobre ningún pueblo una culpa colectiva. Yo sé que es muy fácil decir los ingleses, los americanos, los árabes, los chinos, los rusos o los esquimales son esto o lo otro, pero esa es siempre una verdad a medias. La política de un país puede ser inicua y buena parte de sus ciudadanos apoyarla, pero eso no permite, en justicia, culparlos a todos. Sí, la política del Imperio británico era criminal, pero Mr. Aldis —que era también inglés— fue quien me enseñó cómo era Jesús y me condujo hasta mi Señor y Salvador. ¿Me comprende, Mr. Devlin?

—Creo que sí.

—Como le iba diciendo, aquella nueva escuela inglesa no me agradaba, pero el Señor siempre abre puertas cuando tiene un propósito en nuestras vidas. Finalmente, los americanos eran más flexibles que los ingleses y acepté la oportunidad de ir a estudiar a Ohio, en Estados Unidos.

—Estuvo usted en Yale si no me equivoco...

—Sí, algo después —reconoció Yen—. Incluso conocí allí a Alice Huie la que sería mi novia...

—¿Fue su primera vez en América, verdad?

—Sí.

—¿Y cómo vio un joven chino aquellos Estados Unidos?

—No se trató solo de una impresión, ¿sabe? En realidad, fueron varias. Por un lado, era algo indescriptible viajar por el interior de un país con aquellas carreteras, con aquellos ferrocarriles, con aquellas ciudades, con aquellos edificios... era... sinceramente, era impresionante. Verdaderamente inenarrable. Pero, al mismo tiempo...

—Al mismo tiempo, ¿qué sucedía? —indagó Devlin.

—Al mismo tiempo, me llamaba la atención lo ignorantes que eran los americanos a la hora de opinar sobre otros países. Casi nadie sabía nada, absolutamente nada, de Asia y China... era una gran desconocida. En alguna ocasión, llegué a pensar que aquellos americanos eran víctimas de una autocomplacencia inmensa. Simplemente, se sentían tan a gusto dentro de su país que no se molestaban en conocer otros. Como además, muchos procedían de otras naciones de las que habían huido para salvarse de la miseria —el caso de sus antepasados es claro, Mr. Devlin— y muchos conseguían prosperar en América, la contemplaban como el lugar privilegiado más allá del cual no merecía la pena saber nada. Se recordaban en familia a Irlanda, Italia, Suecia, pero luego no se miraba más allá del ámbito cercano a veces solo del estado. China o India no estaban en otro continente. Daba la sensación de que se hallaban ubicadas en otro planeta. Pero no saque conclusiones equivocadas, Mr. Devlin, a pesar de todo, el tiempo de Yale fue muy bueno. Lo digo sin ninguna ironía, aunque, a la vez, me daba cuenta, cada día que pasaba, de que yo no quería ser americano ni tampoco deseaba quedarme en América. Lo que yo ansiaba era ser de bendición para mi país, quedándome allí...

—Creo que lo entiendo —dijo Devlin— ¿Consiguió lo que se proponía?

Yen depositó la taza sobre la mesita y volvió a acariciarse el mentón como si aquel gesto lo ayudara a recordar mejor.

—Sí —dijo con gesto quedo— Lo conseguí, pero... pero para eso tuvo que estallar una guerra.

V

—Casi nadie se acuerda de la Primera Guerra Mundial ahora —comenzó a decir Yen—. No se trata solo de que los que la vivieron han muerto en su inmensa mayoría, sino de que la gente, por regla general, no desea guardar los recuerdos ni tampoco aprender de ellos. En aquellos años, cuando yo era joven, la propaganda la llamó «la guerra para acabar con todas las guerras», pero la realidad es que dejó sembradas las semillas para una Segunda Guerra Mundial, todavía peor, y para no pocos, de los conflictos horribles que hemos vivido hasta el día de hoy. Claro que eso no podíamos saberlo entonces. En el verano de 1918, yo me gradué y pensé que ya era hora de hacer algo útil por mis semejantes como me había enseñado Jesús.

—Pero... bueno, usted estudió en Yale. Todavía sigue siendo la primera o la segunda universidad del mundo.

¿No pensó en utilizar esa circunstancia para encontrar un buen trabajo?

Yen escuchó la pregunta que le había formulado Devlin y dejó escapar una sonrisa divertida.

—Verá, Mr. Devlin, yo comprendo que los jóvenes acaben sus estudios e inmediatamente busquen cómo valerse de su título para obtener un buen trabajo y ganar mucho dinero. Crea que lo comprendo, pero yo tenía otra visión. Para mí los estudios en la universidad eran importantes no tanto como una manera de hacer dinero, sino como una capacitación para servir mejor a los demás. Sí, yo comprendo que gente no creyente coloque en primer lugar las consideraciones materiales, pero para los cristianos... bueno, creo que el ejemplo que hay que seguir no es el de los millonarios y los magnates, sino el de Jesús que no vino a que lo sirvieran sino a servir y a dar su vida por muchos.

Devlin bajó la mirada y Yen sospechó que había tocado una fibra sensible del joven.

—Verá, durante la guerra mundial, tanto el Imperio francés como el inglés decidieron utilizar de manera masiva a los *coolies*...

—¿Los *coolies*? —interrumpió Devlin que nunca había escuchado aquel término.

—Sí, los *coolies*. Es una palabra que significa solo el trabajador que alquila sus servicios a cambio de un salario, pero los ingleses comenzaron a utilizarla en la India para referirse a gente que no tenía una especialidad laboral, a la que se podía utilizar en cualquier tarea baja y degradante. Así, lo que solo era un término referido a la forma de trabajo se convirtió en una palabra profundamente despectiva que se escupía a seres humanos considerados inferiores. En realidad, los *coolies* no eran más que miles y miles de asiáticos y africanos a los que se utilizaba para las labores más duras. En ocasiones, se podría decir que eran trabajos degradantes e incluso inhumanos. Entre los *coolies*, había muchos chinos. Por supuesto, los franceses y los británicos insistían en que estaban brindando una oportunidad de trabajo a aquella gente, pero la realidad es que los explotaban de una manera que muchas veces resultaba criminal. Los británicos eran más duros que los franceses y para 1918, los trabajadores, sometidos a aquellas condiciones, habían llegado al punto de la desesperación. Fue entonces cuando, por primera vez en la historia, se envió a cristianos chinos a ayudar en el exterior.

—¿Con qué tipo de gente se encontró usted?

—Con gente que provocaba las burlas de ingleses y franceses porque escupían en público o lanzaban risitas al ver a una pareja tomada de la mano por la calle o abrían las nueces colocándolas en las vías del tren. Esas conductas, es cierto que no se adaptaban a los patrones de urbanidad propios de Occidente, pero no podían atribuirse al hecho de que los *coolies*, en realidad, pertenecían a una raza inferior o eran como animales. Eran solo pobres gentes...

—A causa de la miseria, claro está.

—Verá, Mr. Devlin, es muy corriente que la gente identifique la pobreza con cuestiones puramente materiales. El pobre es el que no tiene zapatos o solo cuenta con una camisa o carece de techo...

—Bueno, esos son pobres...

—Sin duda, lo son —reconoció Yen— pero existen también otras formas de pobreza que se pasan por alto y que son más que relevantes. Un enfermo que no cuenta con cuidados dignos es pobre y lo es especialmente el que carece de educación, el que no sabe leer y escribir. Verá, aquella gente había cruzado tierras y mares para ganar algo de dinero que enviar a su familia. Las condiciones de trabajo eran verdaderamente inhumanas. Trabajaban sin horario de ningún tipo en labores terriblemente agotadoras. Tras todo un día de una brega insoportable para el organismo más fuerte, aquella gente caía sin fuerzas para moverse en sus catres con la esperanza de recuperar algo de vigor y enhebrar con el día siguiente. A miles y miles de kilómetros de distancia, la única ilusión que tenían era poder escribir a sus familias y quizá recibir una carta.

—Pero no sabían leer ni escribir... —pensó Devlin en voz alta.

—Lo ha comprendido usted. No sabían leer ni escribir. Ahí es donde entré yo con unos poquitos, no más de dos o tres, voluntarios. Nosotros escuchábamos a aquella gente y les escribíamos las cartas dirigidas a sus familias. También les leíamos las que les llegaban y que en China las debía haber redactado alguien como nosotros.

—Debió ser una hermosa experiencia —exclamó Devlin—. Quiero decir que, gracias a ustedes, aquella gente pudo comunicarse con su familia.

—Hay un proverbio chino que dice que si quieres ayudar a alguien no debes darle un pescado sino que debes enseñarle a pescar.

—¿Enseñarle a pescar?

—Sí, Mr. Devlin. Hay mucha gente que piensa que ayuda a los demás dando. Dar está bien, pero la verdadera ayuda es enseñar a los demás a valerse por sí mismos. ¿Conoce usted el episodio de la multiplicación de los panes y los peces que llevó a cabo nuestro Señor?

—Sí, conozco el pasaje del Evangelio —respondió Devlin mientras, internamente, se decía que esperaba que Yen no le preguntara por ningún detalle concreto.

—Lo más importante en esa historia no es que Jesús multiplicara panes y peces y diera de comer a la gente.

—No sé si capto lo que quiere decirme...

Yen sonrió mientras se servía la enésima taza de té.

—Lo más importante de ese relato no es que Jesús alimentara a miles de personas. Por supuesto, a ellos les quitó el hambre en ese momento y además dejó de manifiesto Su poder creador, pero lo más relevante es que aquella gente aprendió a compartir lo poco que tenía que eran apenas unos panes y unos peces. Cuando lo poco, lo poquísimo que tenemos, lo ponemos en las manos de Jesús, Él es capaz de multiplicarlo y llegar a los que lo necesitan. Lo poco que nosotros podíamos hacer con aquella gente era leerles unas cartas y escribirles otras, pero... pero ¿qué pasaría si en vez de regalarles un pez les enseñábamos a pescar? ¿Qué pasaría si en vez de leerles aquellas cartas les enseñábamos a leer y escribir?

Devlin se echó hacia atrás, apoyó las manos en los brazos del sillón y se quedó mirando a Yen. Tenía la sensación de que estaba comprendiendo.

—No vaya usted a creer que fue fácil —continuó Yen—. Los occidentales tienen la suerte de contar con un alfabeto como el latino que reduce los signos de escritura a poco más de veinte caracteres. Con esos pocos signos, se pueden escribir las historias más sublimes, los pensamientos más elevados... o la lista de la compra en el mercado. Sin embargo, en chino...

—No tienen alfabeto... —musitó Devlin.

—Efectivamente —sonrió Yen—. Tenemos un sistema de pictogramas, nada fáciles de escribir, dicho sea de paso, para comunicarnos por escrito.

—¿Cuántos pictogramas hay que aprender para poder escribir una carta?

Los ojillos oblicuos volvían a despedir una llamita de agudeza. Se llevó la taza a los labios, bebió y luego depositó el recipiente sobre la mesita baja.

—Más de cinco mil.

Devlin dejó escapar un silbido. Sí, se sentía de verdad abrumado.

—Como usted se imaginará, era imposible enseñar más de cinco mil caracteres a aquellos desdichados analfabetos.

—¿Y qué hicieron?

—Reduje el número.

—¿Cómo? —casi gritó Devlin.

—Sí. Como usted bien ha comprendido, era impensable poder enseñar cinco mil caracteres a aquellas personas. La única salida era reducir su número. Fue así como escribí un libro para aprender a leer y escribir con tan solo mil caracteres.

—¿Y eso se podía hacer?

—Yo lo hice.

—Me parece increíble —dijo Devlin.

—Lo parezca o no, así fue. En primer lugar, fui seleccionando los caracteres más importantes. Se trataba de aquellos que resultaban indispensables y que además servían como raíces para poder entender otros. Eso fue lo primero y me llevó su tiempo. Luego tuve que escribir el texto y, finalmente, publicarlo. Se hizo y luego se utilizó.

—Imagino que funcionó...

La sonrisa de Yen se convirtió en amplia, casi divertida.

—Miles de personas aprendieron así a leer y escribir. Pero era solo el principio.

VI

—¿Qué quiere usted decir con que aquello era solo el principio? —preguntó, intrigado, Devlin.

—Al acabar la guerra mundial, había que decidir si nos quedábamos en Francia y vivíamos allí, en un país más avanzado, buscando un futuro personal mejor o si, por el contrario, regresábamos a China.

—Y usted decidió volver a su país —comentó Devlin.

—Exactamente. Sin buscarlo, había encontrado un método para enseñar a la gente a leer y escribir, que podía ser útil para educar a millones de personas. ¿Cómo me iba a quedar con aquel tesoro sin compartirlo con la gente de mi nación? ¿Quién escondería una luz debajo de la mesa cuando, en realidad, debería colocarla en alto para que ilumine a toda la casa?

—Sí, comprendo —repuso Devlin—. ¿Con cuánta gente contaba usted?

—Bueno, aparte de mí... con las mismas dos o tres personas.

Devlin no pudo reprimir una sonrisa.

—¿Y realmente pensaba educar a China usted con otras dos o tres personas?

—Bueno, eran los panes y los peces de que disponíamos...

—Sí, pero la tarea...

—Sí, se lo reconozco, no era sencilla, pero había que acometerla.

—Supongo que no sería fácil...

Por primera vez desde que había comenzado la conversación, Yen soltó una carcajada.

—Disculpe —dijo presentando las palmas de las manos como si fuera un gesto de rendición—. No deseo que crea que me he reído de usted. Es que... bueno, resultaría difícil imaginar un panorama peor que el que nos encontramos. Al principio, pensamos en comenzar en las ciudades, pero no tardé en darme cuenta de que no tenía sentido iniciar nuestro trabajo en un lugar como Shanghai. Claro que había necesidad en las grandes urbes, pero también disponían de muchos medios. Para empezar, ya había escuelas. ¿Hubiéramos podido trabajar en esas ciudades? Sí. ¿Era donde resultábamos más necesarios? No. De modo que fuimos al campo.

Devlin respiró hondo. Una vez más los planteamientos de Yen lo abrumaban con el peso de lo que no solo es desconocido sino inesperado.

—Disculpe si soy impertinente —dijo al fin— pero da la sensación de que se complacía usted en buscar lo más difícil.

Yen sonrió divertido. Sí, era obvio que la entrevista había llegado a un punto en el que se estaba divirtiendo. Y mucho.

—Puede estar usted seguro de que no era, ni es así. Me gustan las camas cómodas y sin chinches, las habitaciones limpias e iluminadas, los entornos tranquilos y agradables, pero abrigo la convicción de que a esta vida no hemos venido a pasarlo bien sino a servir y a dar nuestra vida por muchos. Con todo, si he de serle sincero, debo reconocer que disfrutamos mucho...

—¿Lo dice en serio?

—Completamente. Verá. Comenzar algo en un pueblo chino no era entonces nada fácil. Por supuesto, no se podía ir, casa por casa, invitando a la gente a aprender a leer y escribir. No, los campesinos eran muy desconfiados. La única salida era hablar con el anciano de la aldea. Imagino que le sonará extraño, pero ese anciano era entonces como el cabeza del lugar. Era gente a la que se respetaba porque solía tener una cierta formación y, habitualmente, hacía gala de un carácter agradable. Muchas veces, no sabía gran cosa, pero era el hombre de cabello gris y barba larga al que se podía acudir para zanjar disputas entre vecinos de la manera más pacífica posible. Nosotros llegábamos a la aldea, lo visitábamos para presentarle nuestros respetos y a continuación le preguntábamos cuánta gente sabía leer y escribir.

—¿Y qué les decía?

Yen dejó escapar una risita.

—Que no sabía. Sí, créame, Mr. Devlin, no lo sabía. No tenía la menor idea.

—¿Y entonces?

—Bueno, entonces no pasaba nada. Aunque no conociéramos el número, daba exactamente igual. De todas formas, a la mayoría había que enseñarles a leer y escribir de manera que le decíamos que valía la pena saber cuántas personas sabían leer y escribir porque de esa circunstancia dependía que la aldea fuera próspera. Después de hablarle de esa prosperidad, le decíamos que nosotros mismos estábamos dispuestos a enseñarles a leer y escribir. Totalmente gratis. Normalmente, el anciano no nos creía y hay que reconocer que era lógico.

—¿Y qué hacía entonces?

—Era muy fácil. Le contábamos cómo habíamos trabajado en Francia. Conocíamos la técnica, conocíamos cómo enseñar y estábamos dispuestos a hacerlo en aquel lugar también. Cuando llegábamos a ese punto, el anciano, por regla general, nos decía que tenía que hablar con el resto del ayuntamiento del lugar. Eso nos daba una nueva oportunidad porque, inmediatamente, le decíamos: «Mire, si la gente supiera leer y escribir, bastaría con que colocara usted un anuncio escrito, pero como no es así, tiene que enviar a una persona pregonando la reunión por todo el pueblo».

—¿Anunciaban así las reuniones públicas?

Yen asintió con un gesto divertido.

—Pues sí, las reuniones públicas las anunciaban de esa manera. Era muy vistoso porque el pregonero iba con un gong y lo golpeaba antes de dar el anuncio. ¡Gong! ¡Gong! ¡Gong! La gente salía a escuchar la novedad y entonces les decía que a tal hora y en tal lugar se celebraría una reunión. Pues bien, si nosotros les enseñábamos a leer y escribir todo aquello sería innecesario. Todos sabrían que tal día, a tal hora, en tal lugar —por regla general, el templo— habría una reunión de importancia.

—¿No les ponían inconvenientes para que hablaran en el templo siendo cristianos?

—Generalmente no. El templo se utilizaba con finalidades religiosas, pero también era el único edificio donde se podía reunir la gente. En algunos lugares, en vez de un templo budista, había una iglesia evangélica y la utilizábamos igualmente.

—¿Qué les decían a los campesinos en esas reuniones?

—Bueno, aunque le cueste creerlo, eran grandes acontecimientos sociales. Allí aparecían no solo los adultos sino también los niños y las abuelas ¡y hasta los perros! Todo el mundo tenía interés por enterarse de algo nuevo que acababa de aparecer por el pueblo. Cuando había llegado la gente, el anciano del lugar se ponía en pie, adoptaba un tono solemne y les decía que aquella era una reunión muy importante que estaba relacionada con el prestigio de la aldea. Y es que aquella aldea era miserable, pequeña, insignificante y, sin embargo, nosotros éramos unos sabios que se sacrificaban viniendo a ese lugar para instruirlos. Recuerdo... recuerdo...

Yen detuvo su narración y comenzó a reírse. Era la suya una risa alegre, jocosa, abierta. Devlin no tenía la menor idea de lo que causaba aquello, pero lo cierto es que Yen había echado la cabeza hacia atrás y ya lanzaba abiertas carcajadas. En un momento dado, se llevó las manos a los ojos para secarse las lágrimas. Fuera lo que fuera lo que le rondara la cabeza, era obvio que lo estaba disfrutando.

—En una ocasión —dijo mientras se sosegaba— llegamos a un pueblo y el anciano, como era habitual, convocó una reunión. Había ya dicho todo lo referente a la insignificancia de la aldea y la relevancia de nuestra sabiduría cuando de repente sacó un papel y lo levantó.

—¿Levantó un papel?

—Sí, eso mismo. De pronto dice: «¿Tenéis ojos? Todos los que tienen ojos que levanten la mano». Un bosque de manos se levantó. Entonces dice: «Esto es un libro. ¿Cuántos pueden ver el libro?». Otra vez, todos levantaron la mano. Y entonces dispara: «¿Cuántos de vosotros podéis leer lo que dice este libro?». Nadie, absolutamente nadie, levantó la mano. Entonces el anciano comenzó a decirles: «¿De qué os sirven los ojos si no podéis leer? ¿De qué os sirve ver el libro si no lo podéis leer?».

—¿Ustedes le habían enseñado esa táctica?

—No, en absoluto. No se nos había pasado por la cabeza nada parecido. Había ideado todo él solo. Y no terminaba ahí. Después de decirles aquello, suelta: «Estáis tan mal como si estuvierais ciegos. Pero tenemos a doctores aquí que os pueden curar de vuestra enfermedad. Han estudiado en escuelas chinas y en escuelas occidentales. Han venido aquí para curar vuestra enfermedad. Son muy pacientes. Os cuidarán hasta que estéis curados. ¿Cuánto tiempo dedicaríais a dejaros curar la ceguera? Pues estos sabios os curarán de vuestra enfermedad en cuatro meses ¡y no tenéis que pagar nada! Solo tenéis que dedicar una hora al día y en cuatro meses estaréis curados». ¡Gran tipo aquel anciano!

—Tengo dos preguntas —dijo Devlin—. La primera es si aquello resultaba.

—Totalmente —respondió sonriente Yen— Totalmente. A esas alturas, ya se estaban riendo todos. Pero no acabó todo ahí. El anciano entonces señaló a uno, a uno cualquiera, y le dijo: «Tú, Wang, tú no sabes leer. ¡Levanta la mano!». ¡Y el hombre lo hacía! ¡Lo hacía! Bueno, cuando acababa la reunión podíamos tener a trescientas o cuatrocientas personas que deseaban aprender a leer y escribir. ¿Cuál es la segunda pregunta?

—Acaba usted de decir que el anciano anunciaba que todo sería gratis.

—Sí, así era. Era el compromiso que habíamos adquirido.

—¿Y lo era? Quiero decir: ¿de verdad, las clases no costaban nada?

—Ni un céntimo. Por regla general, el consejo de la aldea nos dejaba utilizar un par de habitaciones de alguna casa algo más grande o enseñábamos en el templo. Pero no percibíamos nada por nuestra labor.

Yen detuvo su exposición y clavó sus ojillos ardientes como brasas en su joven interlocutor. Luego sonrió con la benevolencia que nace, fundamentalmente, de la experiencia.

—Solo la gente de Ting Hsien llegó a dirigir cuatrocientas setenta y dos escuelas. Cuatrocientas... setenta... y dos. Sé, por supuesto, que hubiera podido ser un negocio colosal. Con cobrar una franquicia únicamente aquel trabajo se habría convertido en una verdadera mina de oro... pero no fue eso lo que hicimos. Nuestra meta no era ganar dinero. Era educar. Y eso lo conseguimos.

—Ya... —dijo Devlin, no muy convencido.

—Se llamaban escuelas del pueblo y la verdad es que lo eran. Los que aprendían inmediatamente comenzaban a invitar a sus familiares para que vinieran también y luego, cuando ya sabían, enseñaban, a su vez, a otros. Sinceramente, no creo que pueda haber algo más popular. Y, mire Mr. Devlin, lo mejor no era solo que aquella gente aprendiera y que enseñaran a otros sino que también hubo algunos que no necesitaban aprender y cuya vida también cambió al contemplar todo aquello. Créame si le digo que la realidad del evangelio queda de manifiesto cuando hay vidas cambiadas. ¿Quiere usted saber si el Señor está realmente en un lugar? ¡Observe si hay existencias transformadas! No hay mejor prueba. Desde luego, ese fue el caso de Madame Hsiung.

VII

—Usted es muy joven —dijo Yen— y no es que no pueda recordarlo. Con seguridad, es que tampoco lo sabe, pero hubo una época en que Madame Hsiung fue más importante que Madame Mao o Madame Chiang. Bueno, a decir verdad ¡era más importante que Mao Tse-tung o que Chiang Kai-shek en aquel entonces!

—Nunca oí hablar de ella —reconoció humildemente Devlin.

—Bueno, no se apene por eso. Ni usted ni yo conocemos a todos los que han sido importantes en este mundo. Ni siquiera a los que lo han sido en este siglo.

Yen apartó la mirada y la dirigió hacia el ventanal abierto al exterior. Dejó allí posada la vista como si estuviera contemplando algo que se encontraba al otro lado. Por un momento, entornó los ojos igual que si pudiera estar oteando lo que no estaba al alcance de Devlin y quizá de ningún otro.

—Madame Hsiung —dijo al fin Yen sin dejar de mirar hacia el ventanal— era una mujer muy especial. He conocido a muchas mujeres especiales, pero ella...

—¿Era una mujer joven? ¿Quizá una mujer progresista?

Yen apartó la mirada del ventanal y la dirigió hacia Devlin. Quizá se equivocaba, pero el joven tuvo la sensación de que los ojillos de Yen estaban húmedos.

—Madame Hsiung era una mujer de la vieja escuela. Tanto lo era que llevaba los pies vendados.

—¿Alguna enfermedad? —preguntó Devlin.

—No —dijo Yen reprimiendo una risita divertida—. En aquella época, las mujeres chinas que pertenecían a las clases altas llevaban los pies vendados desde que nacían. De esa manera, sus pies no crecían y quedaban convertidos en algo como esto...

Devlin observó cómo Yen juntaba las palmas de las manos hasta formar una especie de copa pequeña, casi diminuta.

—A esto quedaban reducidos los pies de aquellas mujeres —señaló.

—Cuesta creerlo —comentó Devlin.

—Pues sí, cuesta creerlo, pero esa era la realidad. Los dedos quedaban plegados hacia abajo durante años y no crecían de manera normal.

—¿Y cómo caminaban?

—No caminaban. Era gente de recursos y, por regla general, las transportaban. El padre de Madame Hsiung, por ejemplo, era un funcionario del gobierno. Hombre de cierta cultura, se había preocupado porque su hija recibiera una educación esmerada. Cuando era niña aprendió los clásicos y ella misma había compuesto poemas y escrito ensayos. Recuerdo que incluso tenía un dominio singular de la caligrafía china. Una mujer muy cultivada. En realidad, una artista.

—¿Cómo se conocieron?

—Bueno, el padre de Madame Hsiung la casó con un erudito de Han-Lin. En apariencia, se trataba de un matrimonio concertado. Como lo eran entonces todos, pero... bueno, la Providencia se mueve de maneras inesperadas y su marido se convirtió en primer ministro de la república. Por cierto, mientras ocupaba ese puesto, la gente decía que el verdadero cerebro era Madame Hsiung. Pero no nos desviemos. Usted quiere saber cómo nos conocimos.

—Efectivamente —señaló Devlin que no deseaba perder el hilo de la historia con detalles.

—Bueno, un día, estábamos evaluando la manera en que avanzaban nuestras escuelas del pueblo cuando, de repente, dije: «Deberíamos invitar a Madame Hsiung a visitarnos».

—¿Así? ¿De repente?

—Pues sí. Fue como un impulso. El caso es que lo comenté a los demás y, finalmente, le cursé una invitación para que viniera a Shantung donde íbamos a tener una presentación de nuestro sistema educativo. Shantung, debo decírselo, es la provincia donde nació Confucio, nuestro gran filósofo nacional, el que ha modelado siglos de historia china. Ya puede imaginarse que no resultaba un ambiente especialmente adecuado para avanzar con un proyecto cristiano y lo mismo podía decirse de algo que resultaba escandalosamente innovador.

—Sí, me lo imagino.

—Precisamente por ello, pedí a Madame Hsiung que viniera y además pronunciara un discurso de graduación y que entregara los diplomas.

—¿En serio? Si no la conocía de antes...

—Así es. Soy consciente de que lo suyo era que no me hubiera hecho el menor caso, pero... confié en Dios y lo cierto es que aceptó la invitación.

—¿Cómo fue el discurso?

—Si he de serle sincero... la verdad es que no lo recuerdo. Imagino que hablaría de la importancia de la educación, pero la verdad es que no le presté mucha atención...

—¿Cómo? —lo interrumpió Devlin— ¿Me está diciendo que la invitó y que luego no se molestó en escucharla? Perdone, pero...

—Sí, entiendo lo que quiere decir, Mr. Devlin. Tiene usted su parte de razón, pero no tome mi conducta como una muestra de descortesía. Tendría que haber estado allí y ver la cara de la gente.

Yen hizo una pausa y cerró los ojos. Luego se dejó caer hasta que su espalda se apoyó en el respaldo del butacón. Entonces, sin abrir los párpados, continuó con su relato.

—No podría decirle con total exactitud el número de personas que llegaron aquel día, pero, con seguridad, puedo decirle que se trataba de no menos de mil quinientas. Todo tipo de personas. Ancianos y ancianas, hombres jóvenes, mujeres jóvenes, niños... ah, Mr. Devlin... era gente que iba de los ocho a los sesenta años, y todos habían aprendido a leer y escribir en nuestras escuelas. Y entonces vi cómo Madame Hsiung de repente interrumpió el discurso que llevaba preparado y dijo: «En toda mi vida no he visto algo como esto». ¿Comprende? «En toda mi vida no he visto algo como esto», dijo; y pude ver cómo entonces dirigía su mirada hacia una niña que llevaba un pañuelo y hacia un niño que estaba descalzo y hacia una pareja de ancianos... y entonces, entonces, comenzó a temblarle la voz y, con un tono entrecortado, dijo: «Esta es la educación real para un pueblo libre e igual. Esta es la única manera de que el gobierno del pueblo se convierta en realidad. Esto es educación y democracia. Esto es educación para la democracia». Y entonces, no pudo ya seguir hablando y se detuvo sollozando.

—¿Se puso a llorar?

—Como una niña. Delante de ella había casi dos mil personas. En su inmensa mayoría gente humilde, bueno, humilde, gente pobre, y aquella mujer, una mujer que toda su vida había formado parte de los privilegiados, captó a la perfección que la educación era indispensable para que China avanzara y que el método que había creado yo no solo era el camino para que la gente aprendiera a leer y a escribir, sino también para que nuestro país, que había sido un imperio durante milenios, se convirtiera en una democracia real, un gobierno verdaderamente del pueblo, por el pueblo y para el pueblo, como dijo el presidente Lincoln.

—Comprendo que debió ser impresionante... —musitó Devlin.

—Fue mucho más que eso, Mister Devlin. Mucho más. Aquella mujer extraordinaria sacó un pañuelito y se secó los ojos que continuaban derramando lágrimas. Respiró hondo para recuperar el aliento. Y entonces... bueno, entonces... ah, Mister Devlin, abrió los brazos y dijo: «Soy presidente de la Liga de mujeres y también presidente de la Cruz Roja nacional de mujeres. Voy a renunciar a todos esos cargos y desde el día de hoy, voy a dedicar mi vida a la educación del pueblo».

Lentamente, Yen abrió los ojos, dirigió la mirada hacia Devlin y se incorporó en su butacón. Lo miró fijamente y le dijo:

—Madame Hsiung pronunció aquel discurso el 1 de agosto de 1923. No olvidaré nunca esa fecha. Primero de agosto de 1923. Desde ese momento, Madame Hsiung dejó todo para dedicarse únicamente a la educación. Tenía un hogar magnífico en Beijing, pero desde ese día, apenas estuvo en él dedicada a viajar por toda China promocionando la educación. Apenas unos meses después había establecido en Nanjing la primera Asociación para la Educación en masa. Y entonces fue cuando aparecieron los señores de la guerra...

VIII

—En esta vida —continuó Yen— hay gente que ansía estar cerca de los poderosos porque creen, quizá incluso inconscientemente, que, de esa manera, recibirán algo de ese envidiado poder. Incluso no faltan los que creen que existe una especie de fórmula mágica para conseguirlo. Sí, no se ría, Mister Devlin, hay gente así. No es muy inteligente quizá, pero la hay. Por supuesto, se equivocan. En realidad, todo camina en la dirección inversa. Son los poderosos los que se acercan a ciertas personas porque han llegado a la conclusión de que la pueden utilizar para sus fines. Eso fue lo que nos pasó con los señores de la guerra.

—¿Cómo definiría a los señores de la guerra? —indagó Devlin.

—Como un síntoma de un mal mucho más grave y más profundo.

—No sé si lo entiendo... —señaló Devlin.

—Verá, China no es una nación de historia reciente. Estados Unidos apenas tiene dos siglos de edad como, por otro lado, sucede con las naciones del continente americano. Incluso su Irlanda natal apenas tiene unos siglos a la espalda. Pero China... China, estimado Mr. Devlin, tiene seis milenios de historia. Más de seis mil años. Durante buena parte de ese tiempo, la figura del emperador ha sido esencial para comprender China. Sí, absolutamente esencial. No estoy refiriéndome a que fuera mala o buena sino a que resulta indispensable para entender. Entonces, en 1911, tuvo lugar la revolución de Xinhai. El emperador cayó y con él la dinastía Qing que había reinado en China desde mediados del siglo XVII, casi cuatrocientos años, el doble de tiempo que ha existido su país. Espero que comprenda que pasar de ese sistema imperial a la república que se proclamó en 1911 no fue una tarea fácil.

—Puedo imaginarlo —reconoció Devlin.

—Por supuesto, había mucha gente que deseaba cambiar la nación y además hacerlo para bien. A las mujeres de pies vendados se les quitaron las vendas y les dijeron que sus hijas no tendrían que sufrir ese drama nunca más. Se crearon instituciones democráticas que no tenían nada que ver con nuestra historia nacional y se esperó que funcionaran... pero no funcionaron. Una casa no puede mantenerse en pie si no hay cimientos y las instituciones de una nación no pueden tampoco sostenerse si falta ese fundamento, y China no lo tenía. Ese era el mal. La ausencia de cimientos era la enfermedad, la terrible enfermedad, pero todas y cada una de las disfunciones eran síntomas. La república comenzó a andar, pero pronto la nación se vio cuarteada y se dividió y lo peor es que lo hizo con las armas en la mano. El desplome del imperio fue solo el primer capítulo de un desplome nacional que además aprovecharon las potencias extranjeras. En ningún momento, pensaron en ayudar a China a caminar por el rumbo del progreso. No, decidieron que China era débil y que había que aprovechar esa debilidad. Saqueaban nuestras riquezas igual que unos ladronzuelos que entraran en un huerto desprotegido.

—¿Y los señores de la guerra? —volvió a intervenir Devlin, temeroso de que Yen se apartara de la cuestión.

—Fueron otro síntoma del mal general. En algunas zonas adonde no llegaba la autoridad del gobierno, aparecieron jefes militares que las controlaban como si fueran reyezuelos. Tenían armas y tenían la fuerza de manera que tomaron el poder. Los llamaban los señores de la guerra y, en verdad, que no era injusto ese sobrenombre. Pero la posición de ellos se apoyaba sobre todo en sus fusiles y continuamente andaban buscando a personas que pudieran asentar su inestable situación.

—Y se acercaron a usted... —concluyó Devlin.

—Sí, así fue. Los señores de la guerra nos llamaron de todas partes a la vez que nos denominaban «reverendos maestros». Utilizaban todo para intentar usarnos. Recurrieron a la ambición, la vanidad, la seducción que casi siempre provoca la cercanía del poder...

—¿Les ofrecieron dinero? —indagó el joven.

—Por supuesto —respondió Yen mientras una sombra de tristeza le nublaba la frente—. Claro que lo hicieron. Por supuesto, lo rechazamos. Estoy seguro de que otra gente hubiera aprovechado la oportunidad, que habría pensado que aquella cercanía al poder solo podía beneficiarlos, que habría argumentado que desde arriba se puede hacer más bien, que habría insistido en que el dinero se podría usar de la mejor manera... Sí, habrían dicho eso y más, pero yo nunca he estado dispuesto a dejarme engañar. Teníamos interés en poder educar a las personas que estaban en el ejército de los señores de la guerra y que vivían en los territorios que controlaban, pero no estábamos dispuestos a ir más allá. Jamás aceptamos un solo céntimo de ninguno de los señores de la guerra. Incluso nos pagábamos nuestros propios viajes cuando aceptábamos visitar su territorio. Fuimos a donde nos llamaron y siempre aceptamos educar a la gente, pero nada más. No podíamos permitir que aquella gente nos utilizara por mucho que estuvieran deseando darnos.

—Incluido dinero...

—Sí, y debo decirle que, a veces, los ofrecimientos eran enormemente tentadores. En cierta ocasión, uno de los señores de la guerra me invitó a cenar y envió su auto para recogerme. Había investigado a fondo nuestra situación económica y sabía que contábamos con muy pocos medios. A decir verdad, era sorprendente cuánto llegábamos a hacer con tan escaso dinero, pero, como ya le he explicado, Jesús tiene una larga historia de multiplicar unos pocos panes y peces para dar de comer a millones de personas. El caso es que llegué a la casa de aquel señor de la guerra y se deshizo en muestras de amabilidad. Me agradeció cómo habíamos enseñado a leer y a escribir a muchos de los soldados de su ejército y cómo habíamos hecho lo mismo con gente que vivía en las poblaciones que controlaba su ejército. Y entonces, después de la adulación, vino la propuesta.

—Consistente en...

—Volvió a arrojar más leña de adulación a lo que debió suponer que era el fuego de mi vanidad y empezó a señalarme que yo era un talento perdido.

—¿Un talento perdido? —repitió Devlin, sorprendido.

—Sí. Así fue —respondió Yen con una sonrisa divertida—. Lo que yo hacía estaba muy bien, pero resultaba obvio que la política era la clave para cambiar nuestro país. Precisamente por ello, lo mejor sería que yo abandonara la tarea de educar en otras manos porque, con seguridad, contaba con colaboradores capaces, y que me dedicara a la política.

—¿En calidad de qué?

Yen alzó la palma de la mano izquierda para imponer silencio al joven.

—Espere, espere. La oferta no terminaba ahí. El señor de la guerra me señaló que, como era consciente de las necesidades y de que mucha gente nos ayudaba por mi causa, mi marcha del movimiento de educación podía crear problemas económicos. Para evitar esa eventualidad, se ofrecía a entregarnos ocho millones de dólares.

—¿Ocho millones de dólares? —gritó Devlin—. Pero... pero eso es una fortuna y más en aquellos tiempos y más en China.

—Efectivamente, lo era —concedió Yen.

—¿Y tenía tanto dinero? —indagó incrédulo Devlin.

—Tenía muchísimo más.

—Pero ¿y de dónde salía?

—Esa es una de las claves, Mr. Devlin. Ser señor de la guerra constituía un magnífico negocio porque implicaba poder saquear de manera descontrolada el territorio dominado por sus ejércitos. Por supuesto, estaban los impuestos que no dejaban de subir, pero además estaban las requisas totalmente ilegales. Cualquier campesino sabía lo que se le imponía de manera más o menos legal, pero, a la vez, desconocía lo que el recaudador de impuestos le iba a robar por añadidura. Ese saqueo de cualquier persona que produjera algo proporcionaba múltiples beneficios al señor de la guerra y a la gente cercana. Por supuesto, hablaban de China, de la patria, del bien del pueblo y hasta es posible que creyeran algo en todo ello, pero, fundamentalmente, eran gigantescas máquinas de robar lo que otros producían. Usted comprenderá que cuando se cuenta con un mecanismo así amasar millones resulta sumamente sencillo.

—Bueno, ¿qué le respondió? —preguntó, impaciente, Devlin.

—Pues verá, el plan estaba bien ideado. El señor de la guerra entregaba el dinero, yo me dedicaba a la política bajo su tutela y toda aquella gente que había aprendido a leer y escribir con nosotros, gente, en muchos casos, joven y entusiasta, entraría en las filas de un movimiento político en el que yo estaría y que el señor de la guerra podría utilizar. Hay que reconocer que no era una idea estúpida ni mucho menos.

—Sí, así es —reconoció Devlin— pero usted...

—Yo le dije que tenía que consultar con mi equipo porque nunca tomaba decisiones importantes por mi cuenta. La reunión en que analizamos la situación duró desde las nueve de la noche hasta las cuatro de la madrugada.

—¿Hubo gente que estuviera dispuesta a recibir el dinero?

—No, en absoluto. Era gente íntegra y jamás lo habría aceptado. No, el problema fundamental era cómo rechazar los ocho millones de dólares y, a la vez, evitar que el señor de la guerra se sintiera desairado e incluso adoptara represalias contra nosotros.

—Entiendo.

—Finalmente, se decidió que al día siguiente yo me reuniría con el señor de la guerra y que, de la manera más diplomática, le haría saber que rechazábamos sus ocho millones de dólares y, muy especialmente, mi entrada en política.

—No debió ser fácil...

—Bueno, tampoco fue tan difícil. En realidad, siempre basta con tener las ideas claras y actuar de acuerdo con las mismas. Desde el primer momento, le dije que durante mucho tiempo nos habíamos comunicado con él con toda sinceridad y que íbamos a seguir haciéndolo siempre. Nuestro comportamiento para con él era el propio de unos amigos que se dicen la verdad pase lo que pase. Le indiqué entonces que uno de los grandes errores cometidos por nuestros dirigentes era que siempre habían querido imponer todo desde arriba y no habían prestado atención a la base del pueblo. Yo comprendía su punto de vista y más en una nación como China donde durante milenios las decisiones importantes siempre las adoptaban emperadores y mandarines, es decir, la cúspide de la pirámide social. Sin embargo, consideraba que ya era hora de corregir ese rumbo porque nunca habíamos tenido un fundamento sólido basado en el pueblo y ahora más que nunca resultaba indispensable. Mi obligación era mantenerme unido a ese pueblo y a esas masas y no ascender a las cimas a través de la política. Él podía seguir entregado a la tarea de construir desde arriba, pero en lo que a mí se refería, yo iba a seguir construyendo desde abajo. Si los dos seguíamos trabajando en nuestro terreno, había la posibilidad de que, en diez años, confluyéramos en algún punto y todo habría sido para el bien de China.

—¿Cómo se lo tomó? —indagó Devlin.

—No puedo decir que lo convenciera, pero sí que quedó impresionado. De eso, no hay la menor duda.

No debía de haber mucha gente dispuesta a rechazar millones de dólares y una carrera política...

—Verá —comenzó a decir Devlin en tono prudente— comprendo lo que hizo. No dudo de que sus intenciones eran buenas, pero ¿está seguro de que acertó? Quiero decir... viendo la deriva posterior de China...

—No tengo la menor duda de que hice lo correcto. Ni la más mínima. Cuando se actúa con integridad es muy difícil equivocarse.

—Ya, pero...

—Mire, pueblos como el chino, pero como otros en Hispanoamérica o Europa, nunca han tenido una experiencia real de la democracia. En realidad, siempre están esperando que aparezca una figura fuerte que solucione sus problemas. Ese no es el camino. El camino es educar al pueblo para que adopte su rumbo adecuado, para que tome sus decisiones, para que construya la sociedad por sí mismo. Esa es la base de la democracia y no celebrar elecciones cada cuatro o cinco años. Si deseábamos construir la base de la que carecía China teníamos que hacerlo desde abajo. Pero, por añadidura, como en tantas otras ocasiones antes y después, la enseñanza de Jesús fue mi guía.

—¿Y qué le dijo en esta ocasión la enseñanza de Jesús?

—Me dijo que hay que tener muy presente que de nada sirve ganar el mundo si se pierde el alma. Nuestra meta era educar al pueblo y bendecir a una nación, pero no tener poder político.

Devlin respiró hondo. Al igual que el señor de la guerra del que había hablado Yen, era obvio que se sentía impresionado por lo que acababa de escuchar, pero no estaba nada claro que también estuviera convencido. A decir verdad, se resistía a aceptar los principios a los que hacía referencia el anciano.

—Todo eso que usted dice está muy bien, pero ocho millones de dólares... ¿De dónde salía el dinero de ustedes? —dijo Devlin intentado encontrar algo de racionalidad en lo que acababa de escuchar.

—El Señor siempre proveyó —respondió Yen con una sonrisa—. Es una de las primeras lecciones que debería aprender un cristiano que desee cambiar algo en este mundo. En aquella época, nos manejábamos con muy pocos miles de dólares, en torno a seis mil, y quien los puso de su bolsillo fue Madame Hsiung.

—Más de mil veces menos... —apenas susurró Devlin.

—Su aritmética humana es correcta, Mr. Devlin, pero recuerde que esa aritmética humana dice que unos panes y peces divididos entre miles de seres humanos dan como resultado hambre, mientras que la aritmética de Jesús señala que el resultado es que miles se sacian y además quedan varias cestas de restos.

—¿Qué fue de ella? —preguntó Devlin.

Una sonrisa impregnada de ternura afloró en el rostro singularmente tranquilo de Yen. De repente, los ojos se le humedecieron.

—Fue la persona más activa de todos nosotros durante ocho años. Desde 1923 a 1930 para ser exactos. Y entonces... falleció y notamos su vacío porque fue una mujer que nunca buscó su engrandecimiento, su lucro o su posición. En realidad, renunció a todo para servir a la causa en la que creía. Puede usted compartir mi punto de vista o no, pero créame si le digo que no necesitamos más políticos ni más generales ni siquiera más clérigos, pero sí necesitamos más personas como Madame Hsiung que se fue de nuestro lado en un momento muy crítico.

—¿Para el trabajo de educación? —preguntó Devlin.

—No —respondió apenado Yen—; para toda China. Para el mundo.

IX

—Los señores de la guerra —dijo Yen mientras miraba el fondo de la tetera— acabaron desapareciendo, pero la situación no mejoró. Creo que tengo que pedir más agua. Discúlpeme.

Yen se incorporó del butacón, alargó la mano y asió la campanita que reposaba sobre la mesita baja y que hizo sonar con un diestro movimiento de muñeca. Esperó en silencio apenas unos instantes porque, casi de manera inmediata, apareció en el umbral del despacho el sirviente que les había atendido antes.

—Por favor, tráigame más agua caliente para el té. A Mr. Devlin no le complace mucho la bebida, de modo que le agradecería que le sirva un café. ¿Lo desea solo o con leche, Mr. Devlin?

—Eh, sí, con leche —respondió el joven.

—Con leche —repitió Yen mirando al sirviente.

El hombre realizó una leve y respetuosa reverencia y abandonó la estancia. Yen se movió entonces en el butacón para cambiar de postura y acomodarse mejor.

—¿Por dónde íbamos? —preguntó Yen.

—Los señores de la guerra... me dijo que desaparecieron...

—Ah, sí. Los señores de la guerra... Mire, Mr. Devlin, la política produce cansancio, y el desorden, todavía más. Después de la caída del emperador, de la proclamación de la república, de una guerra civil de todos contra todos o de casi todos contra casi todos, la gente ansiaba un poder fuerte que pusiera orden, que permitiera ir por el camino sin ser asaltado, que restableciera una sensación, aunque fuera ficticia, de unidad nacional y... y en momentos así de crisis de todo un país existe la tentación de que atribuya responsabilidades a alguien que no sea la propia nación. Es como si dijéramos que alguien tiene que cargar con los pecados del pueblo. En esas épocas, el dirigente que diga todo eso, que proclame ese mensaje tiene muchas posibilidades de alzarse con el triunfo. Eso es lo que hizo Mussolini en Italia, Hitler en Alemania y Chiang Kai-shek en China.

—¿Conoció personalmente a Chiang Kai-shek?

—Sí, mucho. Muchísimo. Más de lo que él hubiera querido.

—¿Qué quiere decir?

—Verá, en los años veinte solo había dos personas que ambicionaban el poder y conocían cómo apoderarse de él. Una era el general Chiang Kai-shek y la otra, un joven desconocido llamado Mao.

—¿Mao Tse-tung, el presidente de China?

—Sí, el mismo. Pero había diferencias entre ellos.

—Bueno, Mao era comunista...

—Aunque usted no lo crea, eso era casi lo de menos.

—No creo que ser comunista pueda ser lo de menos —se atrevió a decir Devlin.

—Mire, la primera diferencia era que Chiang Kai-shek era conocido, pero a Mao no lo conocía nadie. Era un joven como yo, un joven que había comprendido la importancia de la educación para cambiar China. Él era comunista y yo, evangélico. Era una gran diferencia, pero el diagnóstico no era muy distinto. Chiang no era capaz de examinar y diagnosticar; Mao, sí. En segundo lugar, Mao —y yo también coincidía en ello— era consciente de que el cambio tenía que venir desde abajo hacia arriba. Chiang pensaba que desde arriba podría imponer los cambios hacia abajo. No eran pocas diferencias. Yo creía en el poder del evangelio; Mao, en el del socialismo y Chiang, en el nacionalismo.

—Bueno, Chiang era un patriota...

—No —lo interrumpió Yen—. No era un patriota sino un nacionalista.

—No termino de ver la diferencia.

—Es muy importante la diferencia. El patriota ama a su patria y como la ama bien, conoce cuáles son sus defectos, cuáles son sus carencias, cuáles son sus enfermedades. No las oculta e intenta corregirlas y sanarlas. Es como el amigo que sabe que su mejor amigo padece una enfermedad y se lo dice, por desagradable que sea, para que pueda tratarse y curarse. Esa es la conducta del patriota. El nacionalista, por el contrario, falsea y distorsiona todo. Idealiza y miente la historia convirtiéndola en una leyenda dorada. No asume las responsabilidades y las culpas históricas. Por el contrario, achaca la responsabilidad de las desgracias nacionales a otros. Para gente así, China no estaba como estaba por la ignorancia del pueblo, por la corrupción de las oligarquías o por la incapacidad de los nuevos políticos. La culpa de todo, de absolutamente todo, la tenían los extranjeros.

La puerta se abrió y el sirviente la franqueó sujetando una bandeja en la que había un servicio de café completo y una tetera humeante. Yen guardó silencio mientras el hombre llegaba hasta la mesita baja, depositaba el contenido de la bandeja encima y, tras dibujar una respetuosa reverencia, salía por la puerta.

—Soy consciente —prosiguió Yen— más que consciente del daño que los extranjeros han ocasionado a China. Habría que estar ciego para no verlo. Los británicos, primero; detrás de ellos, otras potencias occidentales; los japoneses después, han dado dentellada tras dentellada a China robándole su territorio, sus riquezas, sus gentes... Todo eso es cierto, pero... pero la incapacidad para reaccionar, la ignorancia, el atraso... ah, todo eso era muy chino y tenía raíces chinas. Sin enfrentarse con esa realidad, era... ¡ES! imposible corregir nada. Yo lo sabía, Mao lo sabía y Chiang lo negaba.

Con gesto parsimonioso, Yen arrojó el agua de la tetera en la taza y dejó que se posara. Subió el pequeño recipiente hasta la altura de la cara, cerró los ojos y dejó que la fragancia de la bebida le entrara por las ventanas de la nariz. La sonrisa que apareció en su rostro viejo, pero no envejecido de Yen, dejaba de manifiesto que disfrutaba profundamente de aquel aroma.

—¡Ah!, Mr. Devlin, se pierde usted un verdadero placer. Disfrute de su café.

Yen dio un sorbito a la taza de té, movió golosamente la lengua dentro de la boca y miró con sus ojillos vivos a Devlin.

—Chiang era más que consciente de que su única fuerza era la de las bayonetas. Para atraerse al pueblo, desató, por lo tanto, los perros del resentimiento. Como buen nacionalista, encontró a los culpables, a los supuestos culpables. Si China sufría era por culpa de los extranjeros, era por culpa de los intentos de modernizar el país, era por culpa de los cristianos.

—Tenía entendido que Chiang es cristiano... —interrumpió Devlin.

—Sí, eso dijo cuando necesitó la ayuda de Estados Unidos para combatir a Mao. Incluso contrajo matrimonio con una mujer cristiana. Quizá lo fuera cuando se casó. Desde luego, puedo asegurarle que no lo era entonces.

Yen bebió la taza hasta el final, apurándola con verdadera delectación y se sirvió más té.

—El 30 de mayo de 1925 —prosiguió su relato— un grupo de estudiantes chinos se manifestó en Shanghai en protesta contra las condiciones que sufrían los trabajadores de una fábrica japonesa. Tenían razones más que sobradas para la protesta porque los nipones trataban a aquella pobre gente peor que si fueran perros. Los explotaban de una manera miserable. Pero los británicos no estaban dispuestos a tolerar esas protestas porque sabían que, en cualquier momento, aquello podía alcanzarlos a ellos que ocupaban incluso partes del territorio de China. De manera nada sorprendente, la policía británica de Shanghai disparó contra los manifestantes y mató a quince. Por supuesto, pudieron evitarlo, pero, simplemente, no quisieron hacerlo. Tenían que demostrar que eran capaces de imponerse por la fuerza. Cinco años antes, los británicos habían asesinado a sangre fría en Amritsar, en la India, a centenares de civiles indefensos causando más de mil heridos. Creo que no le sorprenderá saber que aquella muestra de brutal crueldad de los británicos provocó una reacción popular. Los comunistas supieron aprovecharla, claro está, pero quien mayor resultado obtuvo fue Chiang. En 1927, llevó a cabo una matanza en masa de aquellos que se oponían a él, ubicó la capital de China en Nanjing y pareció que controlaba todo. Solo lo pareció. A esas alturas, había dos hombres en China que habíamos comprendido que la educación del pueblo era esencial, pero que no bastaba para cambiar China. Éramos Mao y yo.

X

—No debió ser una época fácil... —comentó Devlin.

—No lo fue —reconoció con gesto triste Yen—. No, no lo fue. Y si para los chinos, en general, resultó muy difícil, para los cristianos, lo fue de manera más que particular. El simple hecho de serlo era una puerta abierta para ser atacado como antichino, como antipatriota, como traidor. En esa época, recomendé a las iglesias extranjeras que no enviaran más misioneros a China. Con los creyentes chinos, teníamos más que de sobra para difundir el evangelio. Si enviaban a gente... bueno, entonces lo que necesitábamos eran profesionales cristianos que predicaran con el ejemplo. Necesitábamos médicos, ingenieros, enfermeras que con su trabajo dieran testimonio de Jesús...

—¿Corrió usted algún riesgo en esa época? —preguntó Devlin.

Yen cerró los ojos. Por primera vez desde el inicio de la entrevista, Devlin tuvo la sensación de que había tocado un punto sensiblemente doloroso.

—Fueron años muy difíciles. La primavera de 1927 la tuve que pasar sometido a una dieta estricta para poder enfrentarme con una salud cada vez más debilitada. Viajaba continuamente, las condiciones eran malas y el peligro de que alguien quisiera acabar con este cristiano molesto era real. Aunque lo que más me apenaba no era el peligro que yo corría sino que el pueblo en todas partes, daba la sensación de estar agotado y enfermo de lemas vacíos y de declaraciones altisonantes y para calmar su resentimiento quemaba iglesias o apaleaba a cristianos, a veces, hasta el punto de matarlos.

—¿Ahora no intentaron sobornarlo?

—Oh, sí, por supuesto. Claro que lo intentaron. Recuerdo... recuerdo una vez que estaba en Beijing. Verá, en aquel entonces me movía siempre en bicicleta y un día, de repente, una de las ruedas se enganchó en el rail de un tranvía y, de la manera más inesperada, dolorosa y ridícula, di con mis huesos contra el suelo. Mientras estaba tirado en la calle, comencé a mover los miembros uno a uno para asegurarme de que no me había roto nada. Me dolía mucho una rodilla y la parte de atrás de la cabeza que se habían golpeado, pero llegué a la conclusión de que no se trataba más que rasguños. Justo cuando había colocado las manos en el suelo y me preparaba para incorporarme, se detuvo a mi lado un auto negro. Un extraordinario auto negro. ¡Era una limusina impresionante! De repente, se abrió la portezuela y salió...

Yen hizo una pausa y volvió a beber de la taza de té. Había captado la impaciencia de Devlin y parecía complacerse en alentarla. Se hubiera dicho que se estaba divirtiendo o, quizá simplemente, deseaba quitarle hierro al recuerdo de sus desventuras.

—¿Quién salió? —preguntó Devlin.

—Chang Hsue-liang. El nombre seguramente no le dirá nada, pero, por aquel entonces, era un poderoso mariscal que controlaba Manchuria. Chiang se lo había traído a Beijing muy posiblemente para tenerlo cerca y así poder controlarlo mejor. No estoy muy seguro de que lo consiguiera. De hecho, Chang se había convertido en una especie de señor feudal, más que poderoso, en Beijing. Yo estaba ahí tirado en el suelo, contento porque no me había roto nada y sacudiéndome la ropa, cuando Chang salió del auto, se acercó sonriente a mí y me dio la mano para que me incorporara. Debo reconocer que era un personaje amable.

—¿Y qué sucedió?

—De momento, se ofreció a llevarme a mi destino, pero decliné cortésmente su ofrecimiento. No me sentía a gusto al lado de gente... así. Pero el episodio no terminó ahí. Al día siguiente, apareció ante mi oficina una limusina francesa... bueno, no tengo palabras para describir un auto tan bello. Lo conducía el chofer del mariscal Chang que me comunicó inmediatamente que el vehículo era un regalo para mí.

—No está mal el regalo... —exclamó Devlin mientras movía la diestra con gesto de estimación.

—Era un regalo extraordinario —reconoció Yen— pero no podía aceptarlo.

—Me lo estaba sospechando —pensó en voz alta Devlin.

—Imaginaba que se lo sospecharía...

—Después de lo que me ha contado de los ocho millones de dólares...

—Este regalo era más peligroso. Chang era un auténtico señor feudal, completamente poseído de sí mismo. Rechazar uno de sus regalos podía ser un paso peligroso, pero aceptarlo...

—Era inaceptable... desde su punto de vista, claro.

—Efectivamente, si la gente hubiera visto a Yen conduciendo aquel auto por las calles de Beijing o de cualquier otro sitio habría llegado a la conclusión de que yo había perdido la independencia y no les habrían faltado razones. Pero devolver aquel regalo implicaba un riesgo real. Así que...

Yen volvió a guardar silencio mientras bebía otro sorbo de té.

—Buen té —dijo Yen con gesto de complacencia—. Bueno, decidí que no devolvería el auto, pero que tampoco lo utilizaría.

—¿Y qué pasó con la limusina?

—Encontró un sitio en el garaje de Madame Hsiung. Allí estuvo sin ser utilizado durante años.

El rostro de Devlin reflejó un gesto de innegable desilusión. Yen tuvo dificultad para controlar una risa que pugnaba por escapársele de la boca.

—Creo que no debería desviarme con estas historias, Mister Devlin. Le ruego que me disculpe. Le decía que tanto el joven Mao como yo nos dimos cuenta de que no bastaba con la educación. Por supuesto, Mao era consciente de la relevancia de educar a las masas. A decir verdad, copió el método que yo había inventado en Francia y utilizado en China aunque adaptándolo. Cualquier mención del cristianismo, por ejemplo, fue totalmente borrada y se incluyeron referencias a Marx y al socialismo. Pero el método era, sustancialmente, el mismo. Dado que tanto Mao como yo habíamos impulsado aquellas campañas masivas de educación popular, éramos conscientes de que no resultaba suficiente.

—¿Qué más era necesario?

—Dar de comer a la gente —respondió Yen clavando su mirada en Devlin.

XI

Yen observó el gesto de desconcierto que se había pintado sobre el rostro del joven. Sintió una cierta ternura. Incluso se preguntó si no estaría derramando sobre él demasiadas nociones que no le resultaban fáciles de asimilar. Bueno, la verdad era que se estaba esforzando por resumir los acontecimientos y convertirlos en comprensibles.

—Entiéndame —dijo Yen con tono amable— No se trataba de repartir comida. No, se trataba de poder impulsar el desarrollo del campo no solo para que las hambrunas desaparecieran sino para que China avanzara. Se trataba de convertir el campo no solo en el gran productor de arroz, de mijo, de soja. También era cuestión de que esas poblaciones pudieran ser educadas, pudieran alimentarse, pudieran alimentar a otros y pudieran crear unas estructuras en que las decisiones fueran tomadas no por los ancianos o las oligarquías de siempre o los señores de la guerra sino por el pueblo. Se trataba de que los recaudadores de impuestos dejaran de exprimir al pueblo, de que todos tuvieran la tierra suficiente para alimentarse, de que, poco a poco, las infraestructuras necesarias aparecieran. Personalmente, yo creía que podíamos ir hacia una democracia verdadera que estuviera basada realmente en el pueblo porque las palabras vacías de los políticos no tenían esa utilidad. Mao creía que había que recorrer ese camino, pero no de manera democrática, sino colocando al partido comunista chino en la vanguardia de la revolución.

—¿Y Chiang?

—Chiang pensaba, fundamentalmente, en mantenerse en el poder y desde él avanzar el destino de China. Por ejemplo, entre sus planes anunciados estaban los de liberar Hong Kong del dominio británico y reintegrar el Tíbet al gobierno chino.

—No lo sabía —reconoció humildemente Devlin.

—Casi nadie sabe lo que pasa en Taiwán y todavía menos lo que Chiang anunciaba y perseguía. Pero no nos desviemos. Como le estaba contando, yo era consciente de que había que ir más allá de la simple tarea de educar a la población. En 1929, pusimos en marcha un programa de educación para China que tenía que cubrir en diez años la totalidad de la nación. Con esa visión, pude iniciar el movimiento de reconstrucción rural en Ting Hsien. Como suele suceder con todo aquello en lo que está el Señor, el proceso empezó de la manera más inesperada.

—¿Qué quiere decir? —indagó el joven.

—Verá, Mr. Devlin, los alumnos de las campañas de educación se unieron muy pronto en asociaciones. No se trataba solo de verse periódicamente y disfrutar recordando las buenas, aunque difíciles, experiencias pasadas. Casi sin pensarlo, se toparon con problemas en sus pueblos y decidieron solucionarlos. Una asociación se encontró con un trecho de camino totalmente pantanoso y resolvió construir una carretera. Otra comprendió que era necesario levantar un puente y lo hicieron. Pasar de ahí a intervenir en el gobierno de las aldeas constituyó un paso totalmente natural. Inicialmente, nadie había pensado en ello, pero, aquí y allí, fueron descubriendo que no se podía hacer nada en la aldea porque los que debían asumir esas obligaciones eran corruptos o solo miraban por sus intereses o no tenían el menor interés en la suerte que pudiera correr la comunidad.

—Y saltaron al gobierno de la aldea... —musitó Devlin.

—Efectivamente, así fue. Creo que casi ninguno ambicionaba el asumir esas tareas, pero la necesidad... acaba derivando en virtud.

—¿Crearon un partido político? —indagó Devlin.

—No, por supuesto que no. Los partidos muchas veces no son la solución de los problemas sino una parte importante de los mismos. No, simplemente comenzaron a involucrarse en eso que podríamos llamar la pequeña política, pero que, en realidad, es la política que afecta a la inmensa mayoría de la gente. Y luego vino todo rodado...

—¿A qué se refiere?

—Es muy sencillo. Primero, unos amigos que han recibido su educación juntos reparan en que falta un edificio necesario o en que hay que levantar un puente y deciden suplir esa necesidad. Después comienzan a chocar con dificultades a causa de aquellos que en la aldea no desean que nada cambie porque el estado de cosas los favorece o simplemente porque siempre han vivido así. Hay que intentar cambiar esa situación en dirección a un gobierno local que no se sirva del pueblo sino que sirva al pueblo. Y entonces aparecen nuevas necesidades en las que quizá nadie había reparado. Por ejemplo, se percatan de que carecen de servicios médicos. Encontrar a un médico en caso de necesidad puede significar realizar un viaje de varias jornadas. ¿Se imagina usted lo que significaba ir a buscar a un médico durante días, convencerle para que viniera y esperar que mientras tanto el enfermo no empeorara o incluso muriera? ¿Se hace usted una idea, en otros casos, de lo que implicaba llevar a ese enfermo hasta el médico? ¡Se necesitan médicos para atender la salud de la gente!

—No me digan que organizaron un sistema de salud... —comentó incrédulo Devlin.

—¡Eso habríamos deseado! Pero no había suficientes médicos en China para suplir esas necesidades. Así que levantamos dispensarios. La idea era contar con uno en cada pueblo y la verdad es que aquellos dispensarios se ocupaban de más del noventa por ciento de cualquier eventualidad. Entregar una medicina, examinar al enfermo... todo eso y más lo hacían. Finalmente, creamos un centro de salud por distrito. Eran clínicas muy modestas, esa es la verdad, pero se alzaban donde antes no había existido nada. De manera sorprendente, casi maravillosa, la tasa de mortalidad en los pueblos descendió de manera drástica.

—Me parece increíble... —comentó Devlin.

—Sé que todo aquello era muy limitado, pero en aquella época, eran poquísimos los que pensaban en un servicio de sanidad que atendiera a todos. En Europa, es una idea que no apareció hasta después de la Segunda Guerra Mundial. Ustedes mismos carecen de él y tienen que recurrir a seguros privados.

—Pero los medios...

—Eran muy escasos. Me consta. Sin embargo, la meta estaba más que definida y comenzamos a caminar para alcanzarla. Esa era la razón por la que yo pedía a los cristianos de América o de Inglaterra que nos enviaran profesionales. Necesitábamos médicos, enfermeras... ¿Me comprende, Mr. Devlin?

—Sí, creo que sí.

—Hay una última cuestión que surgió de todo esto y a la que hice referencia antes: la producción de alimentos. De esa necesidad, la de alimentar a la gente, surgió el Movimiento para la Reconstrucción Rural. No es que tuviéramos planes o cálculos o programas. A decir verdad no contábamos con ellos. De hecho, comenzamos a ordenar la producción de la tierra sobre el deseo de transformar vidas. Sí, de poco servía la educación que había levantado, el rudimentario sistema sanitario que habíamos creado si, al fin y a la postre, las vidas no se veían transformadas. Hasta entonces, en muchos lugares, cada campesino se esforzaba por arrancar algo a minúsculos pedazos de tierra. Se envidiaban, se ponían la zancadilla, se obstaculizaban entre sí. Además estaban los impuestos confiscatorios, la acción de los usureros, la corrupción de muchos ancianos de aldea. Nosotros conseguimos que aquellos campesinos colaboraran, que se prestaran las herramientas, que racionalizaran la producción. Además impedimos la usura y los robos que perpetraban los recaudadores. Redujimos los impuestos. Bueno...

lo crea o no, Mr. Devlin, acabamos con el hambre. Pronto, toda la región de Ting Hsien fue conocida como una zona próspera donde la gente era educada, donde se alimentaba de manera más que suficiente, donde se atendían todas sus necesidades. Créame, Mr. Devlin, todo aquello fue muy hermoso, muy bello, casi casi sobrenatural porque no hubo que derramar una sola gota de sangre para conseguir nada, porque nos limitamos a seguir el ejemplo de Jesús y además porque vimos que con muy poco se podía obtener mucho.

—Cuesta creer que no tuvieran oposición...

—La tuvimos en la gente que deseaba que todo siguiera igual de mal que en los siglos anteriores, pero además aparecieron enemigos de la manera más inesperada. Primero, fueron los japoneses. El verano de 1931, por ejemplo, resultó extremadamente peligroso. A inicios, un general de Shantung se rebeló contra Chiang y decidió recorrer el campo saqueándolo como forma de mantener su sublevación... y llegó muy cerca de nosotros.

—¿Y los atacó?

—No —respondió Yen—, yo me adelanté saliendo a su paso para impedirlo.

—¿Cuántos hombres consiguió reunir?

—¿Hombres? ¿Reunir?

—Sí —explicó Devlin—. Para combatirlos.

—Jamás se me pasó por la cabeza luchar contra esa gente.

—¿No? —exclamó sorprendido Devlin— Y entonces ¿cómo pensaba contenerlos?

—Hablando con ellos.

—¿Hablando con ellos? ¡Me parece un milagro que esté usted aquí vivo!

—Puede ser —concedió Yen— pero me pareció lo más razonable. Llegué hasta la base del general y pedí hablar con él. Algo sabía del trabajo de educación que habíamos llevado a cabo de manera que pude contarle acerca de cómo habíamos ido cambiando muchas otras cosas. Los caminos, los puentes, los dispensarios, los sembrados... le hice referencia a todo y le recalqué que eso podía ser el futuro de China y que no tenía ningún sentido que él lo destruyera. En realidad, su deber era protegerlo porque constituía una muestra de lo que podía ser la China desarrollada del mañana, una China con alimento, con educación, con sanidad y con infraestructuras que sirvieran a todos.

—¿Y cómo respondió el general?

—Su ejército necesitaba comida. De eso, no puede haber la menor duda. Sin embargo, a medida que escuchaba lo que le decía, algo se removió en su interior. En un momento dado, percibí que tenía los ojos húmedos. No sé... Quizá se había sublevado contra Chiang porque deseaba algo mejor que lo que el general estaba haciendo. Quizá vio, por primera vez, que había cosas buenas y útiles que resultaban posibles. Quizá el Señor escuchó las oraciones de todos los que pedimos que nos preservara del peligro. He pensado en ello no pocas veces, pero no tengo la respuesta exacta. El caso es que se retiró sin llevarse un solo grano de arroz.

—Me parece increíble...

—Lo comprendo, Mr. Devlin, pero eso fue lo que sucedió.

—Bueno, así salvaron el verano de 1931.

—No, eso sucedió a inicio del verano de 1931, pero en septiembre de ese mismo año, los ejércitos japoneses invadieron Manchuria. La gente cree que la Segunda Guerra Mundial comenzó en septiembre de 1939 cuando Hitler invadió Polonia o para ustedes, los americanos, en diciembre de 1941, cuando los japoneses atacaron Pearl Harbor. Para nosotros, los chinos, esa guerra comenzó en 1931, más de diez años antes que para ustedes. Muchas familias de Ting Hsien tenían parientes que habían emigrado a Manchuria. Creo que comprenderá su desazón. A pesar de todo...

Yen guardó silencio. Se percibía que estaba muy emocionado. Algo en su pecho de anciano se había removido. Por dos veces pareció que reanudaría el relato y también por dos veces, volvió a cerrar los labios. Devlin esperó a que Yen se serenara.

—A pesar de todo —dijo, al fin, Yen—, es increíble todo lo que conseguimos en aquellos años. No sé cómo logramos minimizar el impacto de la invasión de Manchuria, pero en los años posteriores, no dejamos de seguir avanzando. En octubre de 1933, incluso fundamos el Instituto Hopei para la reconstrucción política y social. Sé que puede sonar extraño, pero, en ocasiones, he pensado que la cercanía de los japoneses no solo no dañó nuestras actividades sino que incluso provocó que hubiera más gente que deseara apoyarnos y colaborar. En ocasiones, recuerdo aquellos días y no puedo sino quedarme sorprendido por todo lo que conseguimos y también por todo lo que el Señor nos concedió en las peores condiciones. China estaba desgarrada, la humanidad avanzaba hacia una guerra mundial peor que la que yo había conocido y, sin embargo, nosotros éramos un claro testimonio de que era posible un mundo diferente y mejor.

XII

—¿Ha oído hablar alguna vez del puente de Marco Polo? —preguntó inesperadamente Yen.

—Creo que no —reconoció Devlin.

—El puente de Marco Polo, Lugou Qiao para nosotros, fue escenario de un episodio extraordinariamente importante el 7 de julio de 1937.

—Creo que no he oído hablar sobre eso nunca —reconoció humildemente Devlin.

—Ese día, un contingente de tropas japonesas realizó maniobras militares en Beijing, cerca del puente de Marco Polo.

—¿En Beijing? ¿Qué hacían los japoneses en Beijing?

—Lo que tantos contingentes militares de otras naciones. En realidad, chupar la sangre del pueblo chino, pero, en teoría, solo garantizar la paz. El caso es que mientras realizaban maniobras uno de los soldados del contingente japonés desapareció...

—Pufff —se le escapó a Devlin.

—Por si la desaparición del soldado nipón fuera poco, además se cruzaron disparos. Si he de serle sincero, nunca he sabido quién disparó primero. Quizá fueran soldados despistados de cualquiera de los dos lados, quizá fue un oficial japonés ansioso por lanzarse sobre China, quizá fue un nacionalista chino harto de ver tropas extranjeras en el territorio de su país. Hasta puede que fuera todo a la vez. El caso es que el incidente desembocó en un enfrentamiento en toda regla entre el ejército de Chiang y las tropas japonesas. A finales de julio, los soldados de Chiang se retiraron de Beijing dejando la ciudad en manos de los japoneses. La guerra total ya estaba desencadenada. Cuando acabó, China había pagado un tributo de más de veinte millones de muertos. Solo los rusos sufrieron más muertes que nosotros. Y si hubieran sido solo las muertes...

Yen guardó silencio mientras inclinaba la cabeza como si una pesada losa de dolor se hubiera descargado sobre sus hombros. Devlin no se atrevió a decir una sola palabra. Resultaba más que obvio que el pesar estaba llenando en esos momentos el corazón del anciano. De repente, al cabo de un par de minutos que se convirtieron en inusitadamente largos, Yen alzó el rostro. Parecía como si el mismo hubiera quedado marcado por un sutil tinte grisáceo que acentuaba sus arrugas ahondándolas hasta convertirlas en surcos.

—Fue una guerra inhumana, más inhumana de lo que siempre son todas las guerras. Lo peor es que fue también una guerra desconocida. La gente sabe de las cámaras de gas de Auchswitz y es justo que así sea, pero nadie habla de que los primeros que usaron el gas para asesinar en cámaras a los prisioneros fueron los japoneses y de que sus víctimas fueron chinas. La gente se horroriza ante las atrocidades sufridas por ciudades como Varsovia o Stalingrado, pero pocos saben que la entrada de los japoneses en Nanjing fue mucho peor y que asesinaron por millares a civiles mientras violaban también por millares a las mujeres chinas para luego convertirlas en prostitutas militares a las que se ataba para que pudieran abusar de ellas con más facilidad los invasores. Y a todo ello sume los bombardeos y el hambre y la sed y las epidemias que se llevaban en tan solo unos días a millares de personas. Es difícil, muy difícil imaginar lo que China pasó en aquella guerra.

—¿Qué fue de todo lo que habían conseguido durante los años anteriores? —se atrevió a preguntar Devlin.

—¿Lo que habíamos conseguido?

Yen hizo una pausa y, de nuevo, pareció que sus arrugas se hundían más en la piel del rostro.

—No fue poco lo que logramos en los años anteriores. Creamos centenares de centros para educar a la gente en el campo. Emprendimos infinidad de obras que eran necesarias. Logramos que fuera el pueblo el que adoptara las decisiones. En cuanto a la agricultura... cuando empezamos a ordenarla, de manera inmediata, los trabajadores del campo aumentaron sus ingresos. A inicios de los años treinta, ganaban el doble de lo que obtenían cuando empezamos. ¡Más del doble! Más del doble a pesar de que cuando no sufríamos las consecuencias de la guerra civil eran los japoneses los que arrasaban todo a su paso. Todo ello a pesar de que en 1929, la bolsa de Nueva York quebró y las consecuencias de ese desastre financiero se extendieron a todo el mundo incluida China. Todo iba tan bien que en muy poco tiempo, resultó innecesario recibir ayuda de fuera. Nuestros campos se bastaban por si solos para mantenerse.

Por un momento, Devlin temió por el anciano. Era tal el dolor que asomaba a su rostro que pensó que podía ser vulnerable a cualquier tipo de mal. Sintió incluso una punzada de pesar pensando que era él quien había inclinado la conversación en esa dirección.

—Fueron años terribles —prosiguió con un hilo de voz Yen— en que los enemigos no solo estaban enfrente. Mientras Mao y Chiang pactaban dejar de combatirse y unirse en la lucha contra el invasor japonés, no faltaron los que aprovecharon la necesidad de luchar para atacar lo que habíamos hecho. Yen Shut´ang, un catedrático de derecho de la universidad de Beijing, llegó a acusarme de ser «el Stalin de Ting Hsien». ¡Yo, Stalin! ¡Qué disparate! ¿Y sabe usted cuál era la razón de aquellas calumnias? Pues que no permitíamos que los recaudadores de impuestos dejaran en la miseria a los pobres campesinos, que un juez llamado Huo no toleraba que los acreedores despojaran a los deudores sino que dictaba medidas para que los unos cobraran y los otros no murieran de hambre privados de todo, que... que no éramos como China había sido durante siglos y que creíamos en que la fe en Jesús debía transformar las vidas.

—¿Llegaron a estar bajo la ocupación japonesa?

—Sí, conocimos lo que era. Ahora todo el mundo está empeñado en mostrar a los japoneses como caballeros, como impolutos samuráis. Yo vi, sin embargo, cómo en Tientsin, arrasaron la universidad de Nankai disfrutando especialmente cuando quemaban su biblioteca o cómo entraron hasta siete veces en Ting Hsien siempre realizando atrocidades como las de rociar gasolina sobre civiles para luego prenderles fuego y vi también cómo todas nuestras escuelas, todas y cada una, hasta la última, fueron cerradas. Podría estar horas y horas relatando atrocidades, pero... pero creo que no tiene sentido.

—¿Tuvo algún contacto con Mao o con Chiang durante la guerra?

—Con los dos.

—¿De verdad?

—En el verano de 1938, quizá fue en el mes de junio aunque no lo recuerdo con toda certeza, nos reunimos con Mao en Yenan.

—¿Cómo los recibió?

—La verdad es que muy bien. Por esa época, Mao era más que consciente de que el partido comunista no podía soñar con imponerse a solas de manera que intentaba atraer a todos los que deseaban reformas para formar un frente unido. En el tono más entusiasta posible nos comunicó que el partido comunista deseaba ser nuestro amigo. Incluso se me dirigió personalmente y me dijo que tenían el mayor respeto hacia mí por la manera en que había utilizado el espíritu de la religión para realizar un trabajo tan duro en la educación de masas.

—¿Eso le dijo?

Por primera vez desde que había comenzado el relato sobre la guerra, Yen sonrió.

—Pues sí, eso fue lo que me dijo.

—¿Y usted lo creyó?

Yen se encogió de hombros.

—Seguramente —dijo al fin— hubo una mezcla de varias cosas. Por un lado, quería acercarse a nosotros y cuando un político desea algo semejante suele recurrir a la adulación. Por otro, estábamos viviendo en medio de una guerra en la que todos los chinos habíamos orillado cualquier tipo de diferencias para enfrentarnos con la invasión japonesa. Finalmente... bueno, Mao había copiado mi sistema de aprendizaje para leer y escribir de manera que... no debía de considerarlo malo. Naturalmente, como usted se habrá imaginado, yo no tenía la menor intención de unirme a Mao.

—Sí, me lo imaginaba —dijo Devlin—. Supongo que usted colaboraría con Chiang...

—Supondría mal —dijo Yen, en cuyo rostro había vuelto a aparecer la sonrisa.

Devlin sonrió también. Fue la suya una sonrisa divertida, como la de un niño que ha descubierto la gracia oculta en un chiste.

—Sí, tiene usted razón —dijo el joven—. Tendría que haber supuesto que tampoco se habría unido a Chiang.

—Mire, Mr. Devlin, Chiang nunca tuvo mucho interés, si es que tuvo alguno, en acometer las reformas que necesitaba China. Era un militar que pretendía mantener unido el país e incluso recuperar las tierras que le habían sido arrebatadas a China. Ambas metas eran encomiables, pero más allá de eso... bueno, sí, deseaba que las mujeres no llevaran los pies vendados y que aprendieran a leer y escribir, pero... poco más. Con la guerra, ya tuvo el argumento perfecto para no acometer ninguna reforma. Sí, me consta que puede parecer razonable, pero esa manera de comportarse era lo peor para China y acabaría siendo lo peor para él una vez que los japoneses fueran expulsados. Verá...

Yen no acabó la frase. La puerta se abrió y el sirviente entró en la estancia. Dibujó una respetuosa reverencia y pronunció unas frases en chino. Yen asintió con la cabeza y respondió una breve frase también en chino.

—Mr. Devlin —dijo dirigiéndose ahora al joven periodista.

—Tenemos que acabar la entrevista —le interrumpió Devlin con gesto de pesar.

—Olvidé que usted sabía chino —repuso Yen con una sonrisa amable.

—En realidad, no —señaló Devlin—. Algunas frases, nada más. Veo que tiene que salir hacia el aeropuerto.

—Así es, pero... me causa mucho pesar no terminar la historia. ¿Le parece que la concluya antes de que nos despidamos? Tendré que ser muy breve, pero...

—Me parece extraordinario, Mr. Yen. No se puede imaginar cuánto se lo agradezco.

XIII

—Como le comentaba —prosiguió Yen— ya durante la guerra me resultó manifiesto que mientras que Mao pensaba en el día de mañana y en articular una fuerza que le permitiera llegar al poder, Chiang se limitó a detener las reformas. No es que el general Chiang pensara solo en combatir a los japoneses. Eso también lo hacía Mao. No, lo que pasa es que Chiang no tenía visión y Mao, la tenía sobrada. Aquella fue una época muy triste, Mr. Devlin, profundamente triste. Aparte de su sangre, de su dolor, de su sufrimiento o quizá precisamente por eso mismo, la guerra cambió a la gente de una manera sobrecogedora. Los que habían sido independientes antes, como era mi mismo caso, de repente, en muchos casos, cayeron en el desánimo o se pasaron a los comunistas o buscaron únicamente un empleo con el que sobrevivir mientras duraba aquel desastre. A inicios de 1943, el ministro de asuntos exteriores, T. V. Soong, me pidió que me uniera a un grupo de expertos que debía reunirse con algunos americanos para ver lo que sucedería en la posguerra. Soong vivía en Washington y vivía muy bien. ¡Incluso era una de las personas que participaba habitualmente en las partidas de póker en que jugaban personas cercanas al presidente Roosevelt! Hacía más de década y media que no viajaba a Estados Unidos, era consciente de que Estados Unidos podía ayudar a China en la posguerra y acepté.

—¿Cómo fue su experiencia en Washington?

—Bueno... la señora Roosevelt era muy agradable y me invitó varias veces a cenar a la Casa Blanca y... bueno, la Carta del Atlántico que había publicado el presidente Roosevelt hablaba de las cuatro libertades y era alentadora... A inicios de 1944, incluso pude formar un Comité americano - chino para el Movimiento de Educación de Masas. Incluso hubo quien me propuso poner en funcionamiento mi sistema educativo en Argentina y Brasil. Hasta me entrevistó Pearl S. Buck.

—¿La premio nobel de literatura?

—La primera premio nobel de literatura de Estados Unidos —corrigió con una sonrisa Yen— y además, mujer. Era una dama extraordinaria. Sus padres habían sido misioneros evangélicos en China, había pasado muchos años en mi país y escribió libros más que notables sobre sus gentes. Cuando me propuso entrevistarme contando una parte de mi historia, acepté. Estuve varios días en su casa de campo y debo reconocer que se trató de una experiencia muy hermosa. Sin embargo, he de decirle que, a pesar de todo, la preocupación me abandonó en pocas ocasiones durante los tres años que estuve en Estados Unidos. Yo veía que la guerra iba a acabar y sospechaba lo que sucedería después.

—¿No creyó que Chiang podría imponerse con la ayuda americana? —preguntó Mr. Devlin.

Una nube de tristeza descendió sobre el rostro de Yen. Nadie hubiera dudado que sentía un profundo pesar. De repente, respiró hondo, como si necesitara una profunda bocanada de oxígeno para responder. A continuación, expulsó el aire de un golpe, como si se librara de una carga pesada.

—No —dijo al fin—, no lo creí. Nunca. Desde el principio, volví a chocarme con la terrible realidad de que Chiang era incapaz de plantearse metas, de establecer prioridades, de saber hacia dónde iba, más allá de mantenerse en el poder. Además toda la gente que tenía alrededor, comenzando por su familia, estaban profundamente involucrados en la corrupción. ¡Habían descubierto que la guerra era una ocasión magnífica para llenarse los bolsillos! Partiendo de esa base era imposible que contara con el apoyo del pueblo. Además estaba Mao... Mao controlaba un pedazo del territorio equivalente a una de las naciones europeas más grandes. Contaba con cien millones de personas y aunque eran menos que aquellas sobre las que gobernaba Chiang, aquel comunista nacido en el campo supo jugar mucho mejor sus bazas.

—Pero la ayuda de Estados Unidos... —se atrevió a objetar Devlin.

—¿Estados Unidos? Mr. Devlin, los presidentes de Estados Unidos no tenían la menor idea del terreno que pisaban en relación con China. Se lo puedo decir porque yo conocí a seis y ninguno me impresionó. Creían que podrían imponerse mediante los bombardeos. Sí, bastaba bombardear más y mejor que Mao para ganar esa guerra. Eso pensaban.

Yen hizo una pausa. Cerró los ojos y, por un instante, respiró con fuerza. Casi como si resoplara. Luego abrió de nuevo los párpados.

—No existe ningún problema humano que se solucione recurriendo a la violencia —dijo Yen—. Sí, parece que todo se puede solventar, pero se trata solo de una apariencia. Luego, cuando menos se espera, los problemas vuelven a emerger y, al reaparecer, traen consigo la violencia, la suciedad, la maldad, que nunca fueron arrancadas, ni siquiera limpiadas. Cuando Jesús dijo que «el que a espada mata, a espada perecerá»[1] no estaba pronunciando solo una frase que sonaba literariamente bien. Aquellos presidentes, con seguridad, tenían buenas intenciones y es posible que esperaran que China se convirtiera en una democracia, amiga de Estados Unidos. Pero las bombas jamás pueden conseguir esos resultados. Al pensar solo en el campo de batalla, nunca captaron cuál era la causa de la guerra civil que estalló al ser expulsados los japoneses y mucho menos, la manera en que debían librarla. Mao tenía un enorme interés en los campos de batalla y demostró ser un militar nada mediocre, pero, a la vez, era consciente de que existía otro frente, el del pueblo, y ahí combatió sin un enemigo que se enfrentara con él.

—Quizá ahora es más fácil evaluarlo todo —comentó Devlin.

—Lo que acabo de decirle ahora es lo mismo que le dije a Chiang. Creo que jamás olvidaré una reunión que mantuve con él antes de que concluyera la guerra. Chiang solo hablaba de exterminar a los comunistas. Era su único tema de conversación. Creía o quería creer que con todos los comunistas muertos, el futuro sería brillante y resplandeciente. Fue entonces

---

1. Ver Mateo 26:52.

cuando, tras escucharlo por un buen rato, le dije que si solo veía el poder del ejército y no el poder de las masas campesinas en pie, China estaría perdida. Sí, eso mismo fue lo que le dije: China estará perdida.

—¿Eso le dijo a Chiang?

Yen asintió quedamente con la cabeza.

—¿Y le respondió algo?

—Sí, me miró directamente a los ojos y me dijo: «Mr. Yen, usted es un erudito y yo soy un soldado. No podemos coincidir en nuestra visión».

—¿Y qué le dijo usted?

—Sentí un enorme pesar, un pesar tan grande que superaba la irritación que hubiera podido sufrir ante una exhibición tan terrible de ceguera. Me puse en pie y, por encima de su escritorio, tendí la mano a Chiang. Me la estrechó de manera fría y protocolaria. Fue la última vez que nos vimos, pero yo ya sabía entonces que perdería la guerra. Mao la ganó no porque fuera despiadado —también lo era Chiang—, sino porque captó la fuerza del pueblo.

—Pero Mao engañó al pueblo... —pareció protestar Devlin.

—Es posible que así fuera, pero también lo intentó Chiang y no lo consiguió. Mao recurrió a la violencia de manera total, pero, a la vez, supo infundir esperanza. Ni Chiang ni sus aliados lo consiguieron y no debe sorprender porque es imposible amar a un pueblo que te bombardea y, a la vez, pretende convencerte de que mata a tus ancianos, mujeres y niños para traer la democracia.

Devlin contempló cómo se abría la puerta y el sirviente volvía a entrar. Se le notaba inquieto. Como siempre, se dirigió a Yen en chino, pero, esta vez, su tono parecía más apresurado, como acuciado por la urgencia.

Yen le dio las gracias y extendió ambas manos en un gesto que, seguramente, pretendía ser tranquilizador. El sirviente volvió a inclinarse de manera respetuosa y abandonó la estancia.

XIV

—Parece que nuestro tiempo se ha terminado —dijo Yen mientras prodigaba una de sus sonrisas amables al joven— pero creo que debo concluir mi historia aunque sea brevemente.

—Mister Yen, no puede imaginarse lo que se lo agradecería.

—Oh, sí que lo imagino. Precisamente por ello, voy a intentar resumir lo que resta. Como ya le he dicho, me despedí de Chiang para no volver a verlo. Usted sabe sobradamente que la conclusión que yo había temido tuvo lugar. Mao se impuso y no es porque Chiang no recibiera armamento y dinero de los Estados Unidos, pero los dólares y las armas no pueden suplir la falta de apoyo popular. Fue precisamente Napoleón quien dijo que se puede hacer todo con las bayonetas... salvo sentarse en ellas.

—Pero, después del triunfo de Mao, después de la guerra, después de que en China se implantara una dictadura, ¿no pensó en unirse a Chiang?

—A pesar de que nuestra última entrevista no fue precisamente agradable, Chiang, que ya se había convertido en generalísimo, me ofreció marchar a Taiwán con él.

—¿Y qué hizo?

—Lo rechacé, por supuesto. No podía marcharme a Taiwán. No creía en el proyecto de Chiang. Sabía que para imponerse en Taiwán, tendría que reprimir a la población local y que además acabaría implantando una dictadura. No me equivoqué. Incluso el senado de Estados Unidos elaboró un informe relatando una parte de esas atrocidades cometidas por Chiang contra la población local. A ese documento lo remito. Permítame, pues, que no me detenga más en ello.

Yen hizo una pausa y se pasó la mano por la mejilla como recapitulando lo que quedaba de su historia.

—Como usted sabrá —continuó relatando Yen—, después viajé mucho. Visité muchos, muchos países; algunos tan grandes como India y otros tan pequeños como Cuba. En casi todos los casos, deseaban que les enseñara cómo organizar planes masivos de educación popular y tengo que reconocer que en todos los casos les hacía falta, mucha falta. En India, los británicos robaron las riquezas del país durante siglos, pero no pudieron o no quisieron crear un sistema educativo para toda la población. En cuanto a Cuba... los españoles estuvieron en la isla hasta 1898 y luego accedió a la independencia, pero a inicios de los años cincuenta era impresionante el número de analfabetos que había, especialmente en las zonas rurales. Claro que no solo me dediqué a la educación. También estuve bastante tiempo en Filipinas organizando su producción agrícola. Lo hice exactamente siguiendo el modelo que habíamos puesto en funcionamiento en Tiengtsin. Por supuesto, los resultados fueron muy positivos. Bien es verdad que lo había hecho con invasores japoneses y campesinos ignorantes e incluso con oligarcas que me acusaban de ser un Stalin de modo que en condiciones de paz no resulta sorprendente que así fuera. Mr. Devlin, en todo ese tiempo, a lo largo de todos estos años, ni por un solo instante, dejé de poner mi vida en manos de Jesús. Creo que con eso puede darse por acabada esta historia.

—Una sola cosa más —dijo Devlin—. Durante décadas, usted ha estado proscrito en China. No se podía mencionar su nombre. Era, oficialmente, un enemigo del pueblo.

—Así es. Por decirlo de manera resumida.

—Bien. Todo eso sucede durante décadas y, de repente, muere Mao y le suceden varios mandatarios hasta que Deng Xiao Ping se hace con el poder y decide iniciar toda una batería de reformas y entonces le envían una invitación para que viaje a China donde ahora lo consideran una eminencia que trazó magníficamente programas educativos y de desarrollo agrario. ¿Por qué cree que lo han invitado?

—Bueno, como usted mismo ha dicho, Mao ha muerto, pero lo más importante es que China se prepara para cambiar a algo mejor y quizá algunos han recordado que eso también lo quisieron hace décadas otras personas, entre las que yo me encontraba.

—Dicen que lo consideran un héroe... —señaló Devlin.

—Sí, eso dicen —comentó con tono burlón Yen—, pero si es verdad que me ven así se equivocan de medio a medio. Se equivocan totalmente. Yo solo hice lo que creí que debía hacer delante del Señor y al servicio de mi prójimo y, lamentablemente, no conseguí consumar lo iniciado. Dios, sin embargo, ha sido misericordioso conmigo. Me dio una familia a la que amo y que me ama, me ha conservado la vida hasta superar los noventa años y me ha permitido ver muchos frutos de mi labor en muchas épocas y en muchos lugares y...

Yen no pudo terminar la frase. La puerta había vuelto a abrirse y esta vez el sirviente mostraba innegable signos de alarma en el rostro.

XV

Yen volvió a tranquilizar a su sirviente que, esta vez, se permitió insistirle en un tono que Devlin encontró más que perentorio. De hecho, por un instante, temió que excediera los límites de la cortesía. No lo hizo. Pero Yen pronunció algunas palabras tranquilizadoras y le dijo que ya estaba concluyendo la entrevista con Devlin. Con gesto apresurado y nada satisfecho, el sirviente volvió a inclinarse y salió de la habitación.

—Mr. Devlin —dijo Yen en tono amable— me temo que, lamentablemente, ya sí que tenemos que despedirnos. Le agradecería que, aunque sea con premura, permita a este humilde anciano formularle algunas observaciones.

—Será un privilegio escucharlas —respondió el joven, apenas logrando contener la emoción.

—Se lo agradezco —dijo Yen con una sonrisa—. Bien, en primer lugar, he de decirle que los imperios no se pueden mantener indefinidamente. Ahora mismo Francia conserva su dominio sobre una veintena de naciones africanas y Gran Bretaña mantiene colonias en Hong Kong, Gibraltar, Malvinas e Hispanoamérica. Estoy convencido de que Francia acabará saliendo de África como ya lo hizo de lugares como Argelia, Marruecos o Indochina. En cuanto a los británicos, tarde o temprano, tendrán que irse de todos los sitios que ocupan. No sé lo que tardarán en devolver Gibraltar a España o las Malvinas a Argentina, pero casi me atrevería a decirle que, seguramente, Hong Kong será el primer lugar de donde tendrán que arriar su pabellón. En segundo lugar, Mr. Devlin, tenga presente que la violencia, por muy brutal y despiadada que sea, no prevalecerá. Las grandes potencias podrán pensar que sus bombas, que sus acorazados, que sus cañones les darán la victoria, pero se equivocan. Se equivocan totalmente. Estados Unidos ya ha sufrido su primera derrota en Vietnam y, por desgracia, si no cambia, solo será la primera de una lista más prolongada porque el corazón de un pueblo no se puede ganar destruyéndolo desde el aire. ¿Me sigue hasta aquí, Mister Devlin?

—Perfectamente —respondió el joven.

—Sí, es usted una persona inteligente —dijo Yen—. Muy joven todavía, pero inteligente. Prosigo. En tercer lugar, China acabará levantándose. Somos un pueblo que ha sufrido indeciblemente, desde luego. Demasiado, a lo largo de seis mil años, pero siempre hemos demostrado que, en mayor o menor medida, podemos volver a resurgir. El que me inviten a regresar es solo un síntoma de que ese cambio ha comenzado. Llevará tiempo y dolor, no me cabe duda alguna, pero cuando tenga lugar la restauración, China no solo será una potencia de primer orden en todas las áreas sino que incluso acabará convirtiéndose en el país con más cristianos de todo el mundo, porque la sangre de los mártires siempre ha sido semilla de nuevos creyentes, y a pesar de décadas de terrible persecución, el número de cristianos dispuestos a ser fieles hasta la muerte no ha dejado de aumentar. ¿Ha captado lo que le he dicho?

Devlin se sentía transportado a una dimensión que iba más allá de la habitación en la que se encontraban. Era como si en aquellos breves instantes se le hubiera concedido la inmensa gracia de atisbar otra dimensión normalmente oculta a los mortales. Casi sin darse cuenta, asintió silenciosamente a la pregunta que le había formulado Yen.

—Por supuesto, Mister Devlin, nada de esto va a suceder en dos, cinco, diez años, pero creo sinceramente que acabará aconteciendo. Yo, que solo soy un anciano nonagenario, no lo veré. Con toda seguridad, no lo veré, pero usted... ah, usted es joven y, más que posiblemente, contemplará algunas de las cosas que le he dicho. Y ahora si me permite, quisiera decirle algo... más personal.

—Lo que usted desee, Mr. Yen.

Yen se levantó del butacón, cruzó la breve distancia que había hacia las estanterías llenas de libros y sacó un volumen encuadernado en piel negra. Como alguien que conoce más que de sobra el contenido, pasó las páginas hasta dar con el pasaje que buscaba.

—Le ruego que escuche esto, Mister Devlin.

—Lo escucho.

Yen se aclaró la garganta y leyó con una voz hermosamente modulada, casi como si estuviera declamando.

—«No améis el mundo, ni las cosas que están en el mundo. Si alguno ama al mundo, el amor del Padre no está en él. Porque todo lo que hay en el mundo, los deseos de la carne, los deseos de los ojos, y la vanagloria de la vida, no procede del Padre, sino del mundo. Y el mundo pasa, y también sus deseos; pero el que hace la voluntad de Dios permanece para siempre».[1]

Yen cerró el volumen, lo pasó a su mano izquierda y miró fijamente al joven.

---

1. 1 Juan 2:15-17.

—Mr. Devlin, un día, yo me marcharé para un viaje mucho más lejano que el que ahora me lleva a China. Será un trayecto que me llevará más allá de la muerte, pero sé a dónde iré. No estoy seguro de que usted sea consciente de ello, pero sí puedo decirle que todo en este mundo pasa —incluso los seis presidentes de su país que yo he llegado a conocer— y solo el que hace la voluntad de Dios permanecerá para siempre. Nada de lo que tiene que ver con los deseos de la carne, con las apariencias de esta vida, con el ansia de gloria, permanece. Solo permanece el que ha dedicado su vida a servir a Dios. Ahora, Mister Devlin, deseo formularle una pregunta para que medite en ella y se la responda a sí mismo: ¿desea usted permanecer para siempre o prefiere desvanecerse como todo lo que se desvanece en este mundo?

La puerta se abrió y el sirviente entró en la habitación. Nadie hubiera podido dudar de que, esta vez, era presa del mayor de los nerviosismos. Cuando abrió la boca, Yen alzó la mano y le impuso silencio. Luego dio unos pasos y tendió la mano a Devlin.

—Seguramente —dijo Yen— no volveremos a vernos, pero deseo que sepa que lo tendré en mis oraciones, Mister Devlin. Le ruego que tenga en consideración que esta vida pasa mucho más rápido de lo que pensamos cuando somos jóvenes. Yo lo fui hace mucho tiempo y créame si le digo que sé de lo que hablo. ¡Que el Señor lo bendiga! ¡Que Él lo bendiga ricamente!

—Gracias, Mister Yen —dijo Devlin con una gratitud que brotaba de lo más profundo de su corazón.

El joven contempló cómo la figura del anciano, a la vez tan frágil y tan rebosante de energía, desaparecía al otro lado de la puerta. Dirigió la mirada hacia el magnetofón y comenzó a recoger todo de manera metódica mientras se preguntaba cómo podría meter todo lo que había escuchado en una página de prensa. Sí, en una página porque era más que dudoso que el director le concediera más espacio. Bueno, se dijo, en cualquier caso, él sí intentaría recordar todo lo que había escuchado aquella tarde, fuera el espacio que ocupara no solo en su memoria sino, sobre todo, en el corazón.

Nota del autor

Es habitual que los lectores se pregunten qué hay de verdadero y qué de imaginario en las novelas históricas. En el caso de la presente, tan solo el personaje de Thomas Devlin y la entrevista son fruto de la imaginación del autor como un recurso literario para poder relatar de manera breve algunos de los aspectos más relevantes de la vida de Jimmy Yen. El resto de lo contenido en esta novela es rigurosamente histórico hasta el punto de que buena parte de las palabras pronunciadas por Yen en las páginas precedentes han sido tomadas de manera literal de sus discursos, artículos o entrevistas y de que todas las anécdotas referentes a su vida constituyen hechos históricos.

Efectivamente, Yàn Yángchu, más conocido como Jimmy Yen, regresó a China en 1985, invitado por el gobierno de esta nación, y allí fue objeto de todo tipo de honores por parte de unas autoridades que lo consideraban ya no como un enemigo de clase ni como un exiliado traidor ni como un agente del imperialismo americano sino como un patriota que había rendido grandes servicios a la nación en el pasado adelantándose en reformas extraordinarias como las relacionadas, especialmente, con la educación y la agricultura. En julio de 2003, se fundaría incluso en Dingzhou el Instituto James Yen para la Reconstrucción Rural. Era un merecido reconocimiento para un patriota chino que siempre se dejó guiar por las enseñanzas de Jesús y por ello entregó totalmente su vida no solo al servicio de China, su país natal, sino también al de los pueblos de otras naciones.

A pesar de todo, Jimmy Yen no se quedó en China. Regresó a los Estados Unidos donde falleció el 17 de enero de 1990, en Manhattan, Nueva York, cuando le faltaban apenas unos meses para cumplir los cien años.

Hoy en día, su nombre es infinitamente menos conocido que el de otros cristianos, verdaderos o falsos, a los que se hace referencia de manera profusa en libros y medios. Sin embargo, la realidad es que pocos pueden compararse a él a la hora de servir a su nación, de mostrar amor y compasión por los más necesitados, de no haber incitado jamás a la violencia o al derramamiento de sangre y de haber sido un ejemplo no solo verbal sino, sobre todo, fáctico de comunicar la enseñanza y el ejemplo de Jesús a sus semejantes. Así fue toda su vida desde que, siendo todavía un niño, se convirtió al evangelio, por el ejemplo de un misionero inglés hasta que exhaló el último aliento. Lo fue porque, una y otra vez, fue consciente de que todo lo debía a su Señor y Salvador —comenzando por la vida eterna— y de que de nada le sirve al hombre ganar el mundo si pierde su alma (Mateo 16:26).

Washington DC, Semana Santa de 2024